Mein Freund Paul ♡ Meine Puppe Moni ♡ Opas kleine Bank ♡ Unser Kuschelhase Lupinchen ♡ Und das bin ich! Clara. ♡

# Claras Geschichten

Frühling & Sommer

## Wenn Bilder sprechen könnten...

...dann würden die Illustrationen von Antje Therés Kral ganze Geschichten erzählen. Geschichten aus dem Leben ihrer Tochter Clara und deren Brüdern Johann und Albrecht. Diese Geschichten kennen wir alle. Sie erzählen von kindlichen Abenteuern, dem Familienleben und den vielen kleinen Freuden des Alltags. Sie erinnern uns an unsere eigene Kindheit, oder an das, was wir mit unseren Kindern heute erleben.

Kommen Sie mit in Claras Welt und entdecken Sie eine Vielzahl an Kreuzstichmotiven, Nähobjekten und Häkelideen rund um ein fröhliches Zuhause.

*Herzlichst Ihre*
*Ute Menze & Meike Menze-Stöter*

### Das bin ich! Clara.

Ich werde bald fünf und bin eigentlich schon fast groß. Noch größer sind aber meine beiden Brüder. Albrecht wird im Sommer sieben und darf in die Schule gehen und Johann ist schon neun und liest mir manchmal Geschichten vor. Ich hab sie sooo gern, weil sie mit mir spielen und mich überall mit hin nehmen. Manchmal haben sie aber gar keine Zeit für mich, dann habe ich zum Glück noch Paul, meinen allerbesten Freund! Er geht mit mir in den Kindergarten und am Nachmittag erleben wir oft zusammen die tollsten Abenteuer, spielen mit Moni, meiner Puppe, oder meinem allerliebsten Kuschelhasen Lupinchen - den habe ich nämlich immer dabei, auch im Bett und im Urlaub und in der Badewanne. Besonders lustig wird es, wenn unsere Hundewelpen Lotta und Rudi mitspielen. Die sind immer so wild und haben nur Unsinn im Kopf; sie bringen mich oft so zum Lachen, dass mir der Bauch weh tut. Ich könnte Euch jetzt viel erzählen von unseren Erlebnissen...
Aber wisst ihr was, kommt doch einfach mit und blättert mit mir durch meine Geschichten, die meine Mama für Euch so schön aufgezeichnet hat!

*Eure Clara* ♡

# Mein feiner Apfelblütenkranz

### Größe
- 23 cm Durchmesser,
- Stickereigröße 13 x 13,5 cm
- Stickmuster Seite 83

### Material
- 0,35 m Zählleinen weiss 12-fädig 140 cm breit
- 0,35 m Vlieseline weiss 90 cm breit
- 1 Knäuel Baumwollgarn Farbe beigerosa
- 1 Knäuel Baumwollgarn Farbe pink
- 1 Knäuel Baumwollgarn Farbe weiss
- 1 Knäuel Baumwollgarn Farbe hellgrün
- Häkelnadel Stärke 3
- 1 Stickring Durchmesser 23 cm

### Zuschnitt
- Zählleinen: 35 x 35 cm

### Anleitung
Sticken Sie das Stickmuster mittig im Kreuzstich auf das Leinen und bügeln Sie die Vlieseline hinter die Stickerei.

Übertragen Sie die Größe des Stickrings plus 6 cm pro Seite mittig um die Stickerei und schneiden Sie die Stickerei aus.

Nähen Sie nun von Hand mit doppeltem Faden an der Kante entlang, den Anfang verknoten.

Legen Sie die Stickerei mittig um den inneren Stickring und raffen Sie den Faden straff zusammen, so dass sich die Kante kräuselt.

Vernähen Sie den Faden, so dass er sich nicht lösen kann.

Abschließend stecken Sie die beiden Stickringe zusammen und drehen sie fest.

Häkeln Sie neun unterschiedlich lange Blätter laut Anleitung Häkelblatt von Seite 7 und sechs Blüten (drei kleine und drei große Blüten) laut Anleitung Häkelblüten von Seite 7.

Nähen Sie diese anschließend auf der Stickerei und an dem Stickrahmen fest.

**TIPP!**

Umwickeln Sie den äußeren Stickrahmen dicht mit dem Baumwollgarn, so dass das Holz vollständig verdeckt ist.

# Mein Häschen…

**TIPP!**
Umwickeln Sie den äußeren Stickrahmen dicht mit dem Baumwollgarn, so dass das Holz vollständig verdeckt ist.

### Grösse
- 23 cm Durchmesser,
- Stickereigrösse 11,5 x 13 cm
- Stickmuster Seite 82

### Material
- 0,35 m Zählleinen weiss 12-fädig 140 cm breit
- 0,35 m Vlieseline weiss 90 cm breit
- 1 Knäuel Baumwollgarn Farbe Natur
- 1 Knäuel Baumwollgarn Farbe hellgrün
- Häkelnadel Stärke 3
- 1 Stickring Durchmesser 23 cm

### Zuschnitt
- Zählleinen: 35 x 35 cm

### Anleitung
Siehe Anleitung Seite 4. Häkeln Sie hier 2 Blätter und eine 20 cm lange Luftmaschenkette. Nähen Sie die Blätter von Hand an der Stickerei fest.

### Häkelblatt (1)
Häkeln Sie eine Luftmaschenkette je nach Länge des Blattstiels (mind. 11 Maschen + Blattstiel).

Häkeln Sie Kettmaschen auf die Lm, bis auf die letzten 11 Maschen.

Häkeln Sie auf diese Maschen 2 feste Maschen (fM), 2 Stäbchen (Stb), 4 Doppelstäbchen (DStb), 2 Stb. In die letzte Lm häkeln Sie 1 fM, 1 Lm, 1 Stb, 1 Lm, 1 fM. Häkeln Sie anschließend das Blatt auf der anderen Seite zurück mit 2 Stb, 4 DStb, 2 Stb, 2 fM und 1Km.

Vernähen Sie die Fadenenden.

### Häkelblüte (2)
Kleine Blüte: Schlagen Sie 4 Lm an und schließen Sie diese zu einem Ring.

Häkeln Sie in diesen Ring 5 fM (erste fM= 1 Lm).

Häkeln Sie auf jedes Masche der Vorreihe 1 fM und 2 Lm (erste fM= 1 Lm).

In jeden Lm-Bogen der Vorreihe 1 Km, 2 Lm, 1 Stb, 1 DStb, 1 Stb, 2 Lm und 1 Km häkeln (= 5 Bögen). Für die große Blüte den Bogen der Vorreihe, beginnend bei der ersten Lm wie folgt umhäkeln: * 1 Km, 2 fM, auf das DStb der Vorreihe 2 fM, 2 fM und wieder eine Km. Ab * wiederholen.

(1)

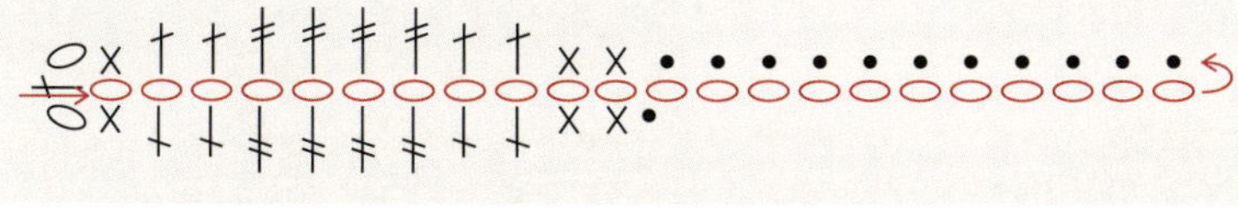

(2)

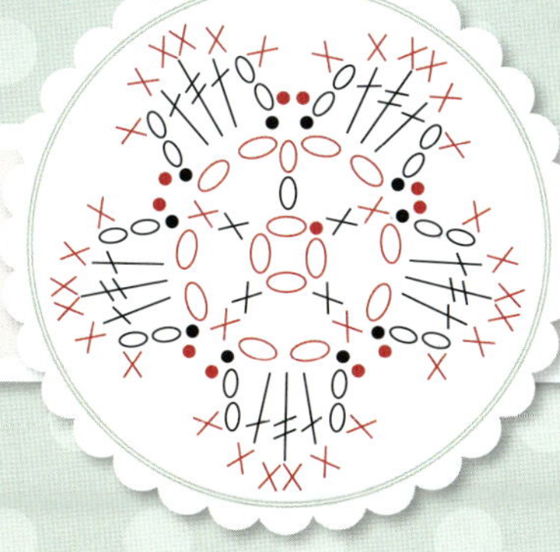

→ Anfang
• Kettmasche (Km)
⬭ Luftmasche (Lm)
X feste Masche (fM)
† Stäbchen (Stb)
‡ Doppelstäbchen (DStb)

# Meine gehäkelten Waschlappen

**Anleitung**

Schlagen Sie 36 (60) Luftmaschen (Lm) an.

**Muster:**

Der Anfang einer jeden Reihe wird mit einer Lm begonnen.
1. Reihe= fM
2. Reihe= * 4 fM und 5 Lm (Schlaufe); ab * wiederholen
3. Reihe= Rückseite! In jede fM der Vorreihe eine fM häkeln. Die Lm der Vorreihe legen sich als Noppe nach vorne.
4. Reihe= Das Muster der 2. Reihe wird nun um 2 Maschen versetzt gehäkelt (= 2 fM, 5 Lm, * 4 fM und 5 Lm; ab * wiederholen).

Danach wieder die 1. Reihe häkeln und von Reihe 1.- 4. ständig wiederholen. Häkeln Sie bis Sie ein Quadrat erhalten.

**Für den kleinen Waschlappen:**

Umranden Sie das Quadrat mit einer Reihe fM. In einer Ecke arbeiten Sie 1 Kettmasche (Km), 20 Lm und 1 Km (Aufhänger). In der nächsten Runde häkeln Sie in jede 3. Masche der Vorreihe Mausezähnchen. Auf die Maschen des Aufhängers werden Km gehäkelt.

Vernähen Sie die Fadenenden.

**Für den großen Waschlappen:**

Umranden Sie das Quadrat mit einer Reihe fM.
Häkeln Sie auf diese Reihe in jede 3. Masche ein Mausezähnchen.
Nähen Sie das Webband in einer Ecke als Aufhängung fest.
Vernähen Sie die Fadenenden.

**Mausezähnchen:**

1 fM, 3 Lm häkeln. Danach in die erste Lm eine fm häkeln.

**Grösse**
- Klein 16 x 16 cm
- Gross 25 x 25 cm

**Material**
- 1 Knäuel Baumwollgarn graubraun
- 1 Knäuel Baumwollgarn creme
- 1 Knäuel Baumwollgarn beigerosa
- 0,15 m Webband Apfelblüte, 16 mm breit
- Häkelnadel Stärke 3

Die Angaben in den ( ) beziehen sich auf den grossen Waschlappen.

*Wenn der Winter vorbei ist gehe ich mit all meinen Puppen, Stofftieren und eben allen Kuschelfreunden raus in unseren Garten. Dort wasche ich in der großen alten Zinkwanne ihre Kleider und mit den weichen gehäkelten Waschlappen ihre Gesichter. Wenn alles wieder so schön zu blühen beginnt, sollen sie auch schön frisch und sauber sein. Auf der langen Wäscheleine flattern dann all die bunten Puppenkleidchen, Lupinchens Trägerhose und sein Schal. Während die Wäsche da so baumelt mach ich es mir gemütlich auf einer Decke und gucke in die Wolken.*

# Blütenfeines Häkelhandtuch

**Anleitung**
Schlagen Sie 60 Luftmaschen (Lm) an.

1. Reihe= fM (als erste Masche 1 Lm häkeln) (Farbe graubraun)
2. Reihe und folgende Reihen= Stäbchen (Stb)
(als erste Masche 3 Lm häkeln). Über 24 cm häkeln.
5 Reihen im Noppenmuster häkeln, mit der Rückreihe beginnen (Farbe beigerosa). Siehe Anleitung Waschlappen Seite 8.
1 Reihe Stb (Farbe creme) (Hinreihe)
3 Reihen Stb (Farbe graubraun)
1 Reihe Stb (Farbe creme) (Hinreihe)
5 Reihen im Noppenmuster häkeln, mit der Rückreihe beginnen (Farbe beigerosa)
5 Reihen Stb (Farbe graubraun)
1 Reihe fM häkeln, d.h. auf die ersten 27 Maschen der Vorreihe fM häkeln, dann 15 Lm (Schlaufe) häkeln und 6 Maschen der Vorreihe überspringen und auf die restlichen 27 Maschen der Vorreihe fM häkeln.

Nun über alle Maschen der Vorreihe fM häkeln.
Fadenenden vernähen.

Das Webband mit der Nähmaschine aufnähen, die Schnittkanten dabei nach innen schlagen.

**Grösse**
- 24 x 37 cm

**Material**
- 1 Knäuel Baumwollgarn graubraun
- 1 Knäuel Baumwollgarn creme
- 1 Knäuel Baumwollgarn beigerosa
- 0,30 m Webband Apfelblüte, 16 mm breit
- Häkelnadel Stärke 3

# Mein wunderbarer Apfelblütenläufer

**Grösse**
- 90 x 25 cm

**Material**
- 0,25 m Wollfilz grau 90 cm breit
- 0,95 m Ripsband creme 25 mm breit
- 0,95 m Webband Apfelblüte 16 mm breit

**Zuschnitt**
- Wollfilz 90 x 25 cm

Von Herzen

**Anleitung**

Nähen Sie das Webband mit dem darunter liegenden Ripsband mittig auf dem Wollfilz fest. Schlagen Sie die Schnittkanten dabei nach innen ein.

**TIPP!**

Um die Bänder einfacher annähen zu können, kleben Sie die Bänder vorher mit Textilkleber etwas fest.

# Zwei Hasenkuschelkissen für Dich...

*Letztes Jahr im Frühling, da waren in unserem Garten zwei Hasen. Sie fanden es hier so schön, dass sie beschlossen, darin zu wohnen. Sie bauten sich ein gemütliches Haus, denn die Hasenfrau wollte sehr gerne Kinder haben. Und weil sie nun so einen gemütlichen Platz gefunden hatten, da sagte der Hasenmann „Na gut, wie Du willst meine Liebste!"... Und so bekamen sie sieben winzig kleine Kindlein, die sahen aus wie kleine Wollknäuele in Mamas Handarbeitskorb. Sie turnten wie wild im Garten herum und wir beobachteten sie heimlich dabei.*

**Grösse**

- 30 x 30 cm
- Stickereigrösse max. 10,5 x 9,5 cm
- Stickmuster Seite 84
- Schablone Nr. 1 Seite 93

**Material**

- 0,35 m Zählleinen gebleicht 12-fädig 140 cm breit
- 0,10 m Leinenstoff fuchsia 140 cm breit
- 0,10 m Leinenstoff mint 140 cm breit
- 0,10 m Baumwollstoff Punkte rot-creme 110 cm breit
- 0,10 m Baumwollstoff Punkte blau-grau 110 cm breit
- 0,10 m Baumwollstoff Drei Streifen blau-grau 110 cm breit
- 0,10 m Baumwollstoff Blütenfeld pink-pink 110 cm breit
- 0,70 m Vlieseline weiss 90 cm breit
- 0,10 m Vliesofix 90 cm breit
- 2,80 m Kordel
- 0,40 m Zackenlitze mint 3 mm breit
- 0,40 m Zackenlitze pink 3 mm breit
- 2 Reissverschlüsse 30 cm lang
- 2 Kisseninletts 30 x 30 cm

**Zuschnitt** (inkl. 1 cm Nahtzugabe)

- Zählleinen: 2 Stück 32 x 32 cm (Vorderteile) und 4 Stück 32 x 17 cm (Rückenteile)
- Leinenstoff mint: 140 x 4 cm (Paspel)
- Leinenstoff fuchsia: 140 x 4 cm (Paspel)

**Anleitung**

**Für das blaue Kissen:**
Sticken Sie das Stickmuster mittig 9 cm vom unteren Rand entfernt im Kreuzstich auf das Leinen.

Bügeln die Stickerei gut und bügeln Sie anschließend die Vlieseline hinter das Vorderteil und die beiden Rückenteile.

Falten Sie die langen Seiten des Paspel-Zuschnittes aufeinander, legen Sie die Kordel dazwischen, fixieren Sie diese und steppen Sie anschließend die Paspel ab.

Übertragen Sie die Fähnchen-Schablone siebenmal mit etwas Abstand zueinander auf das Vliesofix, schneiden Sie diese großzügig aus und bügeln Sie sie anschließend auf den entsprechenden Stoff.

Schneiden Sie die Fähnchen zu und ziehen Sie das Papier ab.

Legen Sie die Fähnchen über der Stickerei auf das Leinen und bügeln Sie diese fest.

Fixieren Sie die Kanten mit einem schmalen Zickzackstich.

Nähen Sie die Zackenlitze auf der oberen Kante der Fähnchen fest.

Nähen Sie zwischen den Rückenteil-Zuschnitten den Reißverschluss ein.

Legen Sie Vorder- und Rückenteil rechts auf rechts und nähen Sie die Stofflagen mit der dazwischen liegenden Paspel zusammen.

Wenden Sie den Kissenbezug, bügeln Sie ihn nochmal und beziehen anschließend das Inlett damit.

**Für das rote Kissen:**
Sticken Sie das Stickmuster 8 cm vom linken und unteren Rand entfernt im Kreuzstich auf das Leinen.

Verfahren Sie weiter wie beim blauen Kissen beschrieben, Sie müssen jedoch neun Fähnchen zuschneiden.

# So gemütlich –

# Mamas Lieblingsplaid

**Grösse**

- 120 x 180 cm

**Material**

- 0,15 m Baumwollstoff Drei Streifen rot-grau 110 cm breit
- 0,15 m Baumwollstoff Punkte beige-rot 110 cm breit
- 0,15 m Baumwollstoff Punkte rot-creme 110 cm breit
- 0,15 m Baumwollstoff Blütenfeld pink-pink 110 cm breit
- 0,15 m Baumwollstoff Blütenfeld creme-pink 110 cm breit
- 0,15 m Baumwollstoff Blütenornament beige-rot 110 cm breit
- 0,80 m Leinenstoff mint 140 cm breit
- 3,25 m Leinenstoff graubraun 140 cm breit
- 2,00 m dickes Volumenvlies 150 cm breit

**Zuschnitt** (inkl. 0,75 cm Nahtzugabe)

- Alle Baumwollstoffe: 110 x 14,5 cm
- Leinenstoff graubraun: 121 x 38 cm (B), 121 x 87 cm (C) und 140 x 200 cm (Rückenteil)
- Leinenstoff mint: 2 Stück 140 x 14,5 cm (Dreieck), 5 Stück 140 x 10 cm (Rand-Binding)

**Anleitung**

Legen Sie zwei unterschiedliche Baumwollstoffe rechts auf rechts zusammen und nähen Sie diese an den langen Seiten zusammen. (Bild 1)

Schneiden Sie aus den zusammengenähten Streifen Dreiecke in einem 60° Winkel zu. Dafür eignet sich am besten ein Patchwork Lineal, da auf diesem der 60° Winkel eingezeichnet ist. (Bild 2)

Trennen Sie die Naht an der oberen Dreieckspitze auf (Bild 3) und bügeln Sie die Naht auseinander, so dass Rauten entstehen. (Bild 4)

Schneiden Sie aus dem mintfarbenen Dreieck-Zuschnitt ebenfalls 18 Dreiecke zu. (Bild 4)

Ordnen Sie in vier Reihen neun Rauten nach Belieben an. (Bild 5)

In die Lücken an der oberen und unteren Kante legen Sie die mintfarbenen Dreiecke. (Bild 5)

Nähen Sie die Rauten und Dreiecke in diagonalen Reihen zusammen. Anschließend die Reihen zusammen nähen. Dabei die Nahtzugabe auseinander bügeln. (Bild 5)

Nähen Sie Zuschnitt (B) oben und Zuschnitt (C) unten an das Patchworkmuster (Vorderteil). (Bild 6)

Die Nahtzugabe nach außen bügeln.

Legen Sie den Rückenteil-Zuschnitt auf den Boden, darauf das Volumenvlies und das zusammengenähte Vorderteil.

Stecken Sie alle drei Lagen ausreichend mit langen Stecknadeln oder großen Sicherheitsnadeln fest.

Zeichnen Sie die Linien der Rauten auf dem graubraunen Leinenstoff mit einem wasserlöslichen Stift weiter.

Steppen Sie nun alle Linien ab. Beginnen Sie dabei in der Mitte des Plaids. (Bild 7)

Nähen Sie die Zuschnitte für das Rand-Binding aneinander. Falten Sie die langen Seiten aufeinander und bügeln Sie diese gut.

Fassen Sie nun den Plaid mit dem Rand-Binding ein. (Bild 8 - 13)

Bild 1

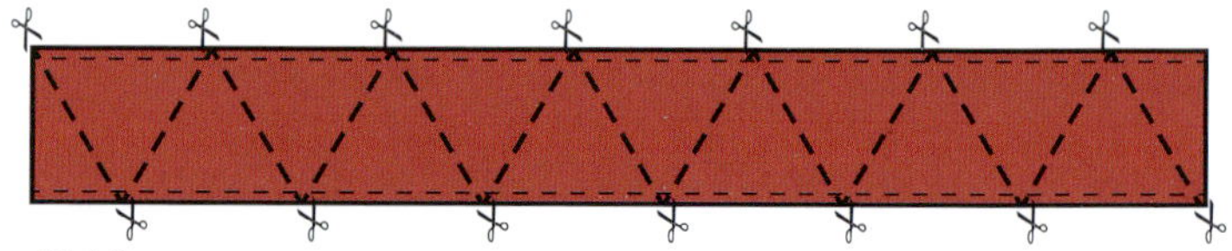
Bild 2

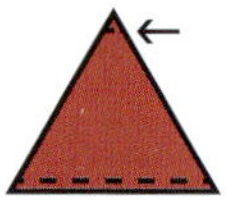
Bild 3

Bild 4

Bild 5

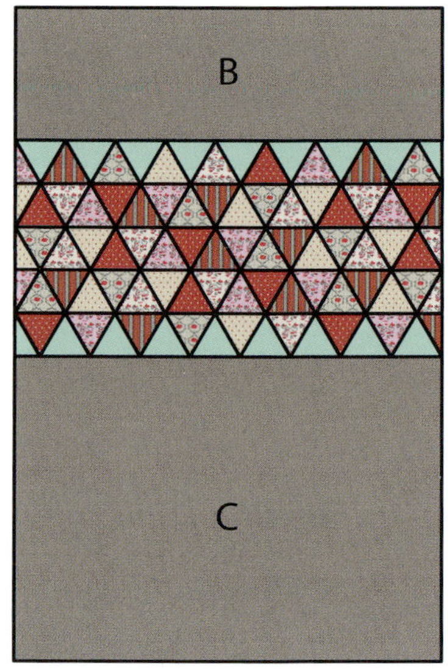

Bild 6

Bild 5

Bild 8

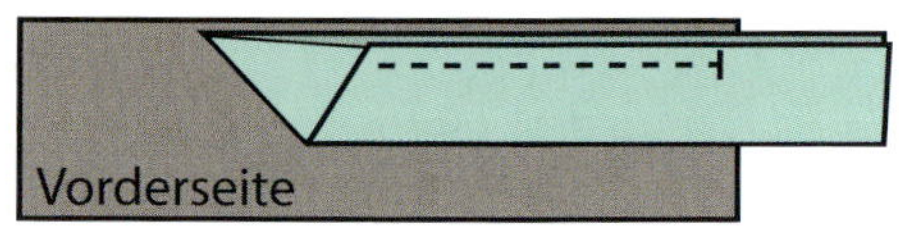

Bild 9

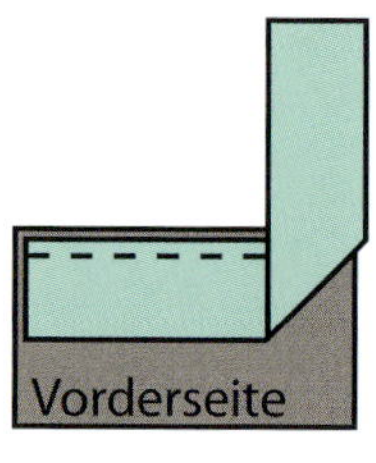

Bild 10

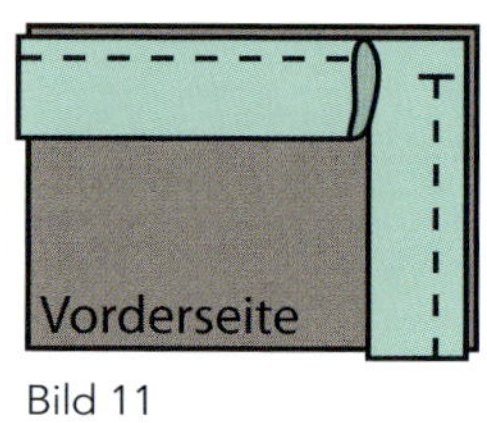

Bild 11

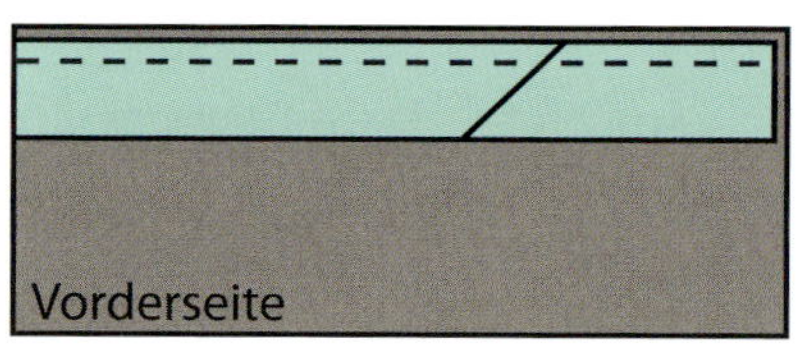

Bild 12

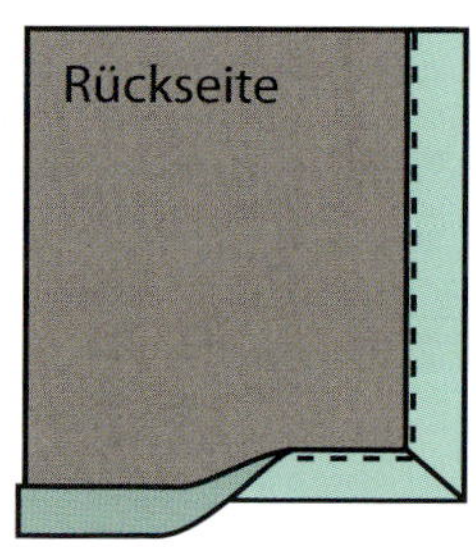

Bild 13

Für Dich!

ICH VERRATE DIR WAS:

# Ich liebe Lupinen!

## Lupinenläufer

**Grösse**
- 20 x 120 cm
- Stickereigrösse 80 x 13,5 cm
- Stickmuster Seite 88-89

**Material**
- 1,30 m Leinenband 11-fädig 20 cm breit

**Anleitung**
Sticken Sie das Stickmuster mittig zweimal in einem Abstand von 5 cm zueinander auf das Leinenband. – Säumen Sie die Schnittkanten 2, 5 cm breit.

## Unterläufer

**Grösse**
- 30 x 130 cm

**Material**
- 0,40 m Leinenstoff pink 140 cm breit

**Zuschnitt** inkl. Nahtzugabe
- Leinenstoff: 140 x 40 cm

**Anleitung**
Säumen Sie den Zuschnitt rundherum 2,5 cm breit (erst die langen Seiten, dann die kurzen Seiten säumen).

## Lupinenkissen

**Grösse**
- 50 x 50 cm
- Stickereigrösse 34,5 x 13,5 cm
- Stickmuster Seite 88-89

**Material**
- 0,55 m Leinenstoff hellgrau 140 cm breit
- 1,00 m Leinenband 11-fädig 20 cm breit
- Reissverschluss 40 cm lang
- Kisseninlett 50 x 50 cm

**Zuschnitt** inkl. 1 cm Nahtzugabe
- Leinenstoff: 52 x 52 cm (Vorderteil) und 2 Stück 52 x 27 cm (Rückenteil)

**Anleitung**

Sticken Sie das Stickmuster mittig im Kreuzstich auf das Leinenband.

Nähen Sie das Band an den Schnittkanten rechts auf rechts zusammen. Bügeln Sie die Nahtzugabe zu einer Seite und steppen Sie diese 5 mm breit ab.

Nähen Sie zwischen die Rückenteile den Reißverschluss.

Legen Sie das Vorder- und das Rückenteil rechts auf rechts und nähen Sie es rundherum zusammen.

Wenden Sie das Kissen, geben das Inlett hinein und ziehen die Banderole über das Kissen.

# Die allerbeste Einkaufstasche

**Grösse**

- ca. 40 x 40 cm

**Material**

- 2 Knäuel Baumwollgarn Farbe hellgrün
- 1 Knäuel Baumwollgarn Farbe pink
- 1 Knäuel Baumwollgarn Farbe blau
- 1 Knäuel Baumwollgarn Farbe lilagrau
- 0,80 m Webband Lupinen
- Häkelnadel Stärke 4

**TIPP!**

Wenn Du Deine Einkaufstasche immer dabei hast, brauchst Du für spontane Einkäufe keine Plastiktüten – das sieht viel schöner aus und schont die Umwelt

## Anleitung

Beginnen Sie mit dem Boden in der Farbe hellgrün. 6 Luftmaschen (Lm) mit einer Kettmasche (Km) zu einem Ring schließen. In den folgenden Runden werden Stb gehäkelt.

1. Runde: 16 Stäbchen (Stb) in den Ring häkeln. (Das erste Stb einer Runde sind 3 Lm.)
2. Runde: Jedes 2. Stb verdoppeln= 24 Stb.
3. Runde: Jedes 2. Stb verdoppeln= 36 Stb.
4. Runde: Jedes 2. Stb verdoppeln= 54 Stb.
5. Runde: Jedes 3. Stb verdoppeln= 72 Stb.
6. Runde: Stb ohne Zunahme häkeln.
7. Runde: Jedes 4. Stb verdoppeln= 90 Stb.
8. Runde: Stb ohne Zunahme häkeln.
9. Runde: Jedes 5. Stb verdoppeln= 108 Stb.

Nun mit dem Netzmuster in der Farbe pink beginnen. In das Stb der Vorreihe * 1 feste Masche (fM) arbeiten, 6 Lm häkeln, dann 3 Stb überspringen und ab * wiederholen. Am Ende der Runde den Bogen mit Kettmaschen schließen. Mit Kettmaschen bis zur Mitte des Bogens gehen. Von dort die neue Runde beginnen. Die fM sitzt mittig auf dem Luftmaschenbogen der Vorreihe.

Häkeln Sie 5 Runden (Rd) in pink, 2 Rd in lilagrau, 4 Rd in blau, 5 Rd in pink, 2 Rd in lilagrau und 4 Rd in blau.

Weiter geht es in hellgrün. Häkeln Sie auf jeden Bogen der Vorreihe 1 fM und 3 Lm= 108 Maschen. In der nächsten Runde fM, danach Stb und in der letzten Runde fM häkeln.

Nehmen Sie wieder das pinkfarbene Garn zur Hand und häkeln Sie 40 fM auf die Vorreihe, dann 50 Lm (1. Henkel), 14 Maschen der Vorreihe überspringen und wieder 40 fM häkeln. Abschließend wieder 50 Lm (2. Henkel), 14 Maschen überspringen und die Runde mit einer Kettmasche (Km) schließen.

In der nächsten Runde überspringen Sie die erste fM der Vorreihe, * 38 fM häkeln, 1fM und 1 Lm überspringen und 48 Stb auf die Lm der Vorreihe häkeln, 1 Lm * und 1 fM der Vorreihe überspringen. Von * zu * wiederholen, Runde mit Km schließen.

In der letzten Runde überspringen Sie die erste fM der Vorreihe, häkeln * 36 fM, 1 fM und 1 Stb der Vorreihe überspringen, 46 fM häkeln und wieder 1 Stb * und 1 fM der Vorreihe überspringen. Von * zu * wieder holen und die Runde mit einer Km schließen.

Vernähen Sie die Fadenenden.

Nähen Sie das Band auf der oberen Kante auf, fixieren Sie es vorher mit etwas Textilkleber.

# Schal mit Granny Squares

### Anleitung

Schneiden Sie den Sommerwalk laut Schemazeichnung zu und nähen Sie die Zuschnitte an den kurzen geraden Kanten zusammen.

Bügeln Sie die Nahtzugabe auseinander.

Nähen Sie die entstandene gerade Kante mit einem Zierstich auf die rechte Seite um.

Häkeln Sie sechs Granny Squares laut der Skizze von Seite 27 und nähen Sie diese zu einem langem Band zusammen.

Häkeln Sie die Häkelborte wie folgt: Schlagen Sie eine Luftmaschenkette von ca. 220 cm (teilbar durch 6 +1) an.

Da Sie mit verschiedenen Farben arbeiten beginnen Sie jede Reihe als Hinreihe (nur von einer Seite aus häkeln)!

1. Reihe: Häkeln Sie auf jede Lm eine feste Masche (fM).
2. Reihe: Häkeln Sie auf jede fM der Vorreihe ein Stäbchen (Stb), dabei nur in das hintere Maschenglied einstechen.
3. Reihe (Bogen): Häkeln Sie * 1 fM, überspringen Sie 2 Maschen der Vorreihe, häkeln Sie in die nächste Masche 1 hStb, 1 Stb, 1 DStb, 1 Stb, 1 hStb und überspringen Sie wieder 2 Maschen der Vorreihe. Jetzt ab * widerholen. Vernähen Sie die Fadenenden.

Nähen Sie das Band aus Granny Squares von Hand auf die Mittelnaht, so dass die Nahtzugabe verdeckt wird.

Nähen Sie die Häkelborte an der Rundung des Schals fest. Fixieren Sie die Borte mit etwas Textilkleber, so ist die Borte einfacher anzunähen.

Dämpfen Sie vorsichtig den Schal.

## Grösse
› 205 x 50 cm

## Material
› 0,50 m Sommerwalk türkis 135 cm breit
› 1 Knäuel Baumwollgarn Farbe pink
› 1 Knäuel Baumwollgarn Farbe lilagrau
› 1 Knäuel Baumwollgarn Farbe beigerosa

## Zuschnitt

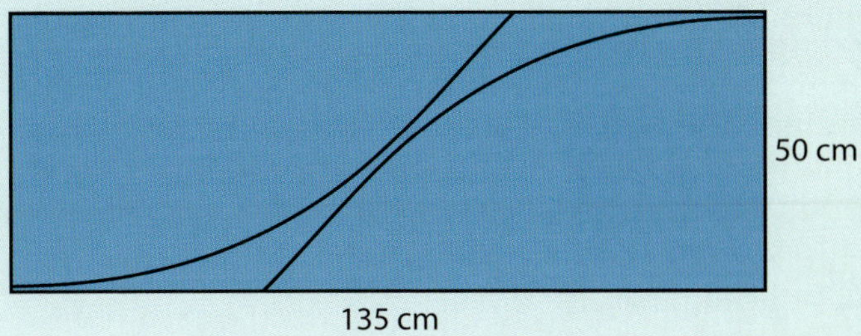


## Granny Squares

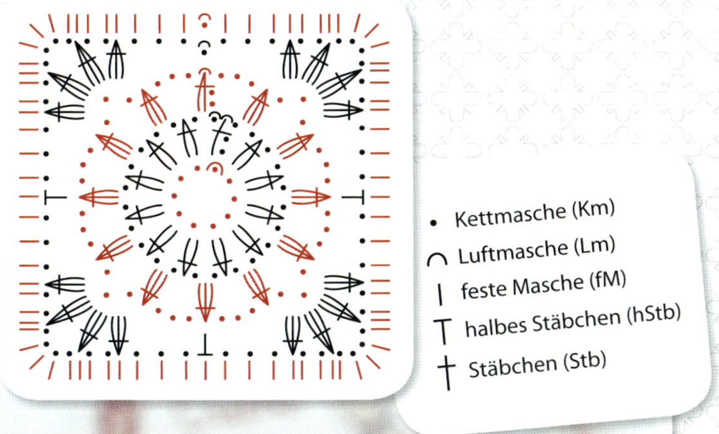

# Stulpen zum Schal

## Grösse
› 12 x 18 cm

## Material
› 0,20 m Sommerwalk türkis 135 cm breit
› 1 Knäuel Baumwollgarn Farbe pink
› 1 Knäuel Baumwollgarn Farbe lilagrau
› 1 Knäuel Baumwollgarn Farbe beigerosa

## Zuschnitt
› Sommerwalk: 2 Stück 18 x 24 cm (Grösse ggf. anpassen)

## Anleitung
Häkeln Sie zwei Granny Squares und vernähen Sie die Fadenenden.

Nähen Sie diese von Hand als Raute mittig auf die Zuschnitte.

Falten Sie die kurzen Seiten rechts auf rechts und nähen Sie die Stofflagen zusammen.

Bügeln Sie die Naht auseinander und wenden Sie anschließend die Stulpen.

Ahoi

# Meine bunten Einkaufsbeutel

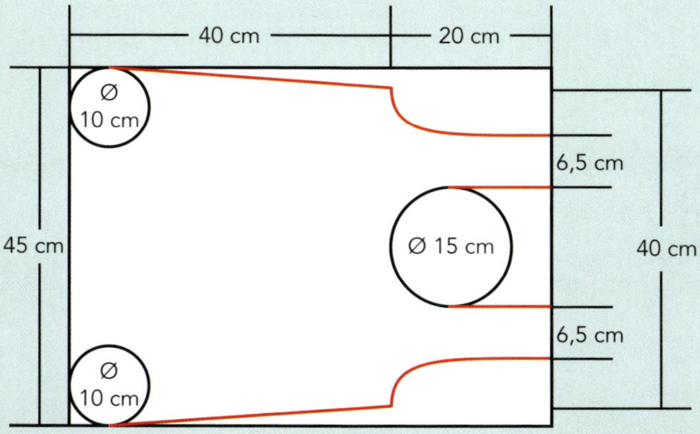


**Grösse**
- 45 x 50 cm

**Material Beutel grün**
- 0,50 m Leinenstoff kiwigrün 140 cm breit
- 0,65 m Baumwollstoff Punkte beige-rot
- 1,00 m Ripsband weiss 25 mm breit
- 1,15 m Webband Apfelblüte 16 mm breit

**Material Beutel pink**
- 0,50 m Leinenstoff pink 140 cm breit
- 0,65 m Baumwollstoff Punkte blau-rau
- 1,00 m Ripsband pink-creme 25 mm breit
- 1,15 m Webband Lupinen 16 mm breit

**Material Beutel blau**
- 0,50 m Leinenstoff blau 140 cm breit
- 0,65 m Baumwollstoff Punkte gross blau-beige
- 1,00 m Ripsband graubraun 25 mm breit
- 1,15 m Webband Ahoi 16 mm breit

**Anleitung**

Erstellen Sie sich anhand der Skizze eine Schablone.

Übertragen Sie diese Schablone plus Nahtzugabe zweimal auf den Leinenstoff (Außenteile) und zweimal auf den Baumwollstoff (Futter) und schneiden Sie diese anschließend aus.

Nähen Sie das Ripsband mit dem darüber liegenden Webband an der gleichen Position auf die beiden Außenteile.

Legen Sie die Außenteile rechts auf rechts und nähen Sie die Stoffe an der unteren Rundung zusammen. Ebenso beim Futter, lassen Sie hier aber eine Wendeöffnung frei. Schneiden Sie die Nahtzugabe an den Rundungen etwas ein.

Legen Sie Futter und Außenteil rechts auf rechts ineinander und nähen Sie die oberen Kanten zusammen, die gerade Kante der Henkel bleibt dabei offen.

Schneiden Sie die Nahtzugabe in regelmäßigen Abständen ein.

Wenden Sie den Beutel.

Legen Sie die Kanten der Henkel mit der Futterseite aufeinander und nähen Sie diese zusammen.

Bügeln Sie die Nahtzugabe auseinander und schneiden Sie sie ggf. zurück.

Nähen Sie auf der Naht das Webband fest, die Enden dabei nach innen einschlagen.

# Armbänder & Schlüsselbänder

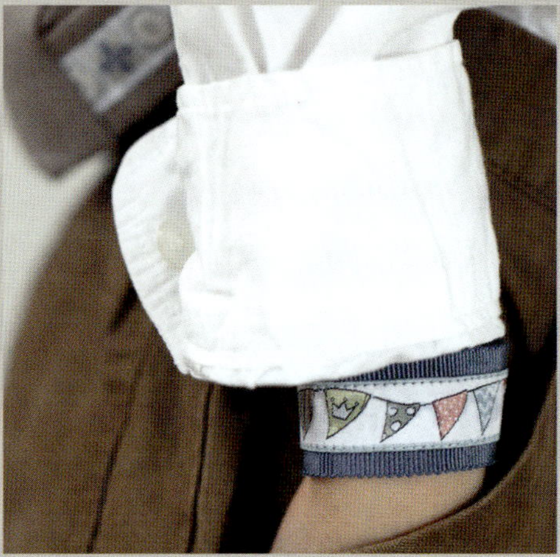

### Armbänder

Messen Sie Ihren Handgelenkumfang aus und geben Sie ca. 5 cm hinzu.

Schneiden Sie die gewünschten 16 mm breiten Webbänder und die unterliegenden breiteren Ripsbänder (20 - 30 mm) auf die entsprechende Länge zu und nähen Sie die Bänder aufeinander. Fixieren Sie die Bänder mit etwas Textilkleber und schlagen Sie die Schnittkanten ggf. nach innen ein.

Bringen Sie an den Enden Druckknöpfe oder Klettband an. Fertig ist ein individuelles Armband ganz nach Ihrem Geschmack.

### Schlüsselbänder

Nähen Sie das Webband mit einem schmalen Dekoband (z.B. Zackenlitze) auf ein breites Ripsband. Fixieren Sie die Bänder vorher mit etwas Textilkleber, das erleichtert das Nähen.

Ziehen Sie das Band durch einen D-Ring und nähen Sie die Schnittkanten rechts auf rechts zusammen.

Legen Sie den D-Ring in die Naht und steppen Sie knapp neben dem D-Ring das Band aufeinander.

Als langes Band kann man sich den Schlüssel um den Hals hängen oder in kurzer Variation am Schlüsselbund tragen.

## TIPP!

Aus feinen Webetiketten und einem Restchen Filz entstehen auch wunderschöne kleine Schlüsselanhänger. Eine Öse und ein Schlüsselring komplettieren diese schnelle Handarbeit.

# Ihr seid alle eingeladen....

# zur Teeparty!

**Stickbild Teeparty**

**Grösse**
- 36 x 41 cm
- Stickereigrösse 16 x 13 cm
- Stickmuster Seite 91
- Schablone Nr. 1 Seite 93

**Material**
- 0,50 m Zählleinen weiss 12-fädig 140 cm breit
- 0,10 m Baumwollstoff Punkte grau-blau 110 cm breit
- 0,10 m Baumwollstoff Punkte rosa-grau 110 cm breit
- 0,10 m Baumwollstoff Blumenkaro creme-blau 110 cm breit
- 0,50 m Zackenlitze pink 9 mm breit
- 0,10 m Vliesofix 90 cm breit
- Rahmen weiss 36 x 41 cm

**Zuschnitt**
- Zählleinen: 50 x 50 cm

**Anleitung**

Sticken Sie das Stickmuster mittig im Kreuzstich auf das Leinen und bügeln Sie es anschließend gut.

Übertragen Sie die Schablone siebenmal auf das Vliesofix und schneiden Sie die Form großzügig aus.

Bügeln Sie die Ausschnitte auf den entsprechenden Baumwollstoff und schneiden Sie anschließend die Fähnchen aus.

Ziehen Sie das Trägerpapier ab und bügeln Sie die Fähnchen als Wimpelkette über dem Stickmuster auf das Leinen.

Nähen Sie die Zackenlitze über den oberen Kanten auf das Leinen.

Rahmen Sie das Bild möglichst fadengerade in einen Bilderrahmen oder lassen Sie es professionell rahmen.

*...alle meine Freunde feiern mit! Natürlich mein Freund Paul, der hat den Tee gekocht, meine Puppe Moni und mein Lupinchen. Auf keinen Fall fall dürfen Lotta und Rudi fehlen, unsere wilden Hundebabies; die beiden hoffen schon sehr, dass ein paar Kekskrümel herunter fallen... Meine großen Brüder Johann und Albrecht können erst kommen, wenn sie ihre Hausaufgaben fertig haben... da werden sie dann sicher hungrig sein. Deswegen hat Mama uns einen riesigen Teller voller Kekse gebacken, die duften ganz wunderbar nach Kokos und Zimt. Kommst Du auch?*

...HAB DICH LIEB!

Bild 1

### Grössen

- S (ca. Gr. 92 - Bild 3)
- M (ca. Gr. 98 - Bild 2)
- L (ca. Gr. 104 - Bild 1)

### Material Kleidchen Grösse S

- 35 x 100 cm Baumwollstoff Landleben creme-blau
- 1 Knäuel Baumwollgarn creme
- 1 Knäuel Baumwollgarn natur
- 1 Knäuel Baumwollgarn blau
- 0,70 m Samtband braun
- 1 Webetikett Lieblingsstück
- 3 Knöpfe
- Häkelnadel Stärke 4

### Material Kleidchen Grösse M

- 40 x 100 cm Baumwollstoff Blumenkaro creme-blau
- 1 Knäuel Baumwollgarn creme
- 1 Knäuel Baumwollgarn natur
- 2 Knäuel Baumwollgarn blau
- 1,00 m Klöppelspitze braunrosa
- 0,20 m Webband Ornament
- 1 Webetikett Meins
- 3 Knöpfe
- Häkelnadel Stärke 4

### Material Kleidchen Grösse L

- 45 x 100 cm Baumwollstoff Punkte grau-blau
- 1 Knäuel Baumwollgarn creme
- 1 Knäuel Baumwollgarn natur
- 1 Knäuel Baumwollgarn blau
- 1,00 m Webband Ornament
- 1 Webetikett Lieblingsstück
- 2 Webetiketten Meins
- 3 Knöpfe
- Häkelnadel Stärke 4

# Lieblingskleidchen

**Anleitung für die Passe der Kleidchen in Grösse S (M) (L):**

Die Passe wird mit doppeltem Faden gehäkelt.
Zu Beginn jeder Reihe 3 Lm häkeln= 1 Stäbchen (Stb).

Schlagen Sie 72 (76) (80) Maschen an, plus 3 Wendeluftmaschen.

1. Reihe= Arbeiten Sie in die 4 Lm ab der Nadel und in jede weitere Lm ein Stb (= 73 (77) (81) Stb)
2. Reihe= 3 Lm häkeln, * 1 Lm und 1 Stb, ab * wiederholen.
3. Reihe= Verdoppeln Sie das 5. Stb, danach jedes 9. (9.) (10.) Stb verdoppeln (= 81 (85) (89) Stb)
4. Reihe= Verdoppeln Sie das 5. Stb, danach jedes 10. (10.) (11.) Stb verdoppeln (= 89 (93) (97) Stb)
5. Reihe= Verdoppeln Sie das 5. Stb, danach jedes 11. (11.) (12.) Stb verdoppeln (= 97 (101) (105) Stb)
6. Reihe= Verdoppeln Sie das 5. Stb, danach jedes 12. (12.) (13). Stb verdoppeln (= 105 (109) (113) Stb)
7. Reihe= Verdoppeln Sie das 5. Stb, danach jedes 13. (13.) (14.) Stb verdoppeln (= 113 (117) (121) Stb)
8. Reihe= Armausschnitt: Häkeln Sie 16 (17) (17) Stb auf die Vorreihe; danach 6 (6) (8) Lm. Lassen Sie 24 (24) (26) Maschen der Vorreihe frei und häkeln Sie auf die nächsten 33 (35) (35) Maschen Stb. Wieder 6 (6) (8) Lm häkeln und wieder 24 (24) (26) Maschen frei lassen. Die letzten 16 (17) (17) Stb in die letzten Maschen der Vorreihe häkeln.
9. + 10. Reihe= Häkeln Sie in jedes Stb und Lm der Vorreihe ein Stb (= 77 (81) (85) Stb)

Fertigstellen= Umhäkeln Sie die rückwärtige Mitte, sowie die obere Kante mit fM. Häkeln Sie dabei an einer Seite der rückwärtigen Mitte gleichmäßig verteilt drei Knopflöcher aus jeweils 4 Lm.

Auf der nächsten Seite geht es weiter!

*...ich liebe diese Kleidchen einfach. Am liebsten würde ich sie auch zum Schlafen anlassen – aber Mama will das gar nicht. Zum Glück hat sie mir aber gleich drei genäht, falls ich beim Klettern mal eins schmutzig mache, dann habe ich immer noch ein sauberes im Schrank und schwuppdiwupp sehe ich wieder richtig schön aus! Die sind nämlich oben so schön weich und bequem und manchmal zwischendurch schaue ich den Kindern zu, die sich gerade küssen. Das bin nämlich ich auf dem Etikett zusammen mit Paul!*

### Angaben und weitere Anleitung für das Kleidchen in Grösse S

1.- 9. Reihe= Farbe natur
10. Reihe= Farbe creme
Kante umhäkelt= Farbe natur
Bogenkante= Farbe blau

In jedes 2. Stb der 10. Reihe eine Bogenkante aus 1 fM, 1 Stb, 1 fM häkeln.

Samtband regelmäßig durch die 2. Reihe ziehen.

3 Knöpfe an der Rückseite mittig annähen.

Das Webetikett von Hand aufnähen.

Den Rock an die Häkelarbeit (Oberteil) nähen.
Dafür den Zuschnitt an den kurzen Seiten rechts auf rechts zusammen nähen.

Die obere Kante versäubern und auf die Breite des Oberteils raffen.

Die untere Kante 1,5 cm breit säumen.

Die obere geraffte Kante an das Oberteil stecken, mit Stecknadeln fixieren und anschließend festnähen. Die Naht des Rockes liegt dabei an der rückwärtigen Mitte.

### Angaben und weitere Anleitung für das Kleidchen in Grösse M

1. Reihe, 4.+ 5. Reihe, 8.+ 9. Reihe= Farbe natur
2.+ 3. Reihe, 6.+ 7. Reihe, 10. Reihe= Farbe blau
Kante umhäkelt= Farbe natur
Bogenkante an Armflügel= Farbe creme

In jedes 2. Stb der Armflügelmaschen ein Mausezähnchen (1 fM, 3 Lm; in die 1. Lm ein fM häkeln) arbeiten.

Luftmaschenkette regelmäßig durch die 2. Reihe ziehen. (Luftmaschenkette aus Baumwollgarn Farbe creme gehäkelt, bestehend aus einer Luftmaschenreihe. Die Enden mit dem Webband umwickeln und von Hand festnähen.)

3 Knöpfe an der Rückseite mittig annähen.

Das Webetikett von Hand aufnähen.

Den Rock an die Häkelarbeit (Oberteil) nähen.
Dafür den Zuschnitt an den kurzen Seiten rechts auf rechts zusammen nähen.

Die obere Kante versäubern und auf die Breite des Oberteils raffen.

Die untere Kante 1,5 cm breit säumen und Klöppelspitze annähen.

Die obere geraffte Kante an das Oberteil stecken, mit Stecknadeln fixieren und anschließend festnähen. Die Naht des Rockes liegt dabei an der rückwärtigen Mitte.

### Angaben und weitere Anleitung für das Kleidchen in Grösse L

1.- 10. Reihe= Farbe blau
Kante umhäkelt= Farbe creme
Bogenkante= Farbe creme

In die 10. Reihe eine Bogenkante häkeln. Beginnend mit * 1 fM in das Stb der Vorreihe, dann 2 Stb der Vorreihe frei lassen und in das nächste Stb der Vorreihe 3 Stb, 1 Mausezähnchen, 3 Stb häkeln; wieder 2 Stb frei lassen und ab * wiederholen.

Luftmaschenkette regelmäßig durch die 2. Reihe ziehen. (Luftmaschenkette aus Baumwollgarn natur gehäkelt, bestehend aus einer Luftmaschenreihe. Die Enden mit Webband verzieren.)

Blüte häkeln= 8 Lm zum Ring schließen, 1. Reihe= 12 fM in den Ring häkeln, 2. Reihe= auf jede 2. Masche der Vorreihe ein Mauszähnchen häkeln (= 6 Mausezähnchen). Blüte anschließend aufnähen.

3 Knöpfe an der Rückseite mittig annähen.

Den Rock an die Häkelarbeit (Oberteil) nähen. Dafür 5 cm von der unteren langen Kante das Webband aufnähen.

Anschließend den Zuschnitt an den kurzen Seiten rechts auf rechts zusammen nähen.

Die obere Kante versäubern und auf die Breite des Oberteils raffen.

Die untere Kante 1,5 cm breit säumen.

Die obere geraffte Kante an das Oberteil stecken, mit Stecknadeln fixieren und anschließend festnähen. Die Naht des Rockes liegt dabei an der rückwärtigen Mitte.

Das Webetikett von Hand auf dem aufgenähten Webband festnähen.

Bild 2

Bild 3

# Unsere Spielzeugkörbe

**Grösse**
- 30 x 20 x 15 cm und 40 x 24 x 25 cm (B x T x H)

**Material kleiner Korb**
- 0,40 m Baumwollstoff Punkte gross blau-beige 110 cm breit
- 0,30 m Baumwollstoff Landleben creme-blau 110 cm breit
- 1,10 m Webband Puppenstube 16 mm breit
- 0,55 m dünnes Volumenvlies 90 cm breit
- 0,55 m Vlieseinlage 90 cm breit

**Zuschnitt** (inkl. 1 cm Nahtzugabe)
- Baumwollstoff Punkte:
  2 Stück 52 x 27 cm (Aussenteil) und
  2 Stück 25 x 10 cm (Henkel)
- Baumwollstoff Landleben:
  2 Stück 52 x 27 cm (Futter)

**Material grosser Korb**
- 0,25 m Leinenstoff blau 140 cm breit
- 0,70 m Baumwollstoff Punkte grau-blau 110 cm breit
- 0,35 m Baumwollstoff Blütenfeld creme-blau 110 cm breit
- 0,70 m dünnes Volumenvlies 90 cm breit
- 0,80 m Vlieseinlage 90 cm breit

**Zuschnitt** (inkl. 1 cm Nahtzugabe)
- Leinenstoff: 2 Stück 67 x 24,5 cm (Aussenteil unten)
- Baumwollstoff Blütenfeld: 2 Stück 67 x 17 cm (Aussenteil oben) und 2 Stück 25 x 10 cm (Henkel)
- Baumwollstoff Punkte: 2 Stück 67 x 39,5 cm (Futter)

**Anleitung kleiner Korb**

Bügeln Sie die Vlieseinlage hinter die Außenteil- und Henkel-Zuschnitte und das Volumenvlies hinter die Futter-Zuschnitte. (Bügeln Sie sehr sorgfältig, da sich sonst die Einlage lösen kann)

Legen Sie die Außenteile und die Futter-Zuschnitte jeweils rechts auf rechts und nähen Sie die Stofflagen an den kurzen Seiten und einer langen Seite zusammen, lassen Sie im Futter eine Wendeöffnung frei. (Bild 1)

Schlagen Sie die langen Seiten der Henkel-Zuschnitte zur Mitte hin ein, falten Sie die Bruchkanten anschließend aufeinander und steppen Sie die Kante knappkantig ab. (Bild 2).

Legen Sie die Seitennähte bündig auf die untere Naht und nähen Sie den Boden an beiden Seiten 20 cm breit ab. (Außenteil und Futter) (Bild 3)

Schneiden Sie die Nahtzugabe in den Ecken zurück (Bild 3).

Legen Sie nun das Futter und das Außenteil rechts auf rechts ineinander, stecken Sie die Henkel zwischen den Stofflagen an den Seiten fest und nähen Sie die obere Kante zusammen. (Bild 4)

Wenden Sie den Korb, schließen Sie die Wendeöffnung und bügeln Sie den Korb anschließend gut.

Steppen Sie die obere Kante 5 mm breit ab. (Bild 5)

Nähen Sie das Webband rundherum auf den Korb fixieren Sie es vorher mit etwas Textilkleber.

**Anleitung grosser Korb**

Fertigen Sie den Korb nach der oben beschriebenen Weise. Nähen Sie jedoch nach dem Aufbügeln der Einlage ein oberes und unteres Außenteil zusammen, so dass Sie ein großes Außenteil haben.

Nähen Sie am Ende die vier Seitennähte des Korbes 5 mm breit ab, dadurch bekommt der Korb mehr Festigkeit.

Bild 1

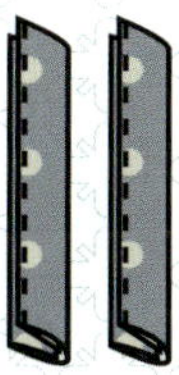

Bild 2

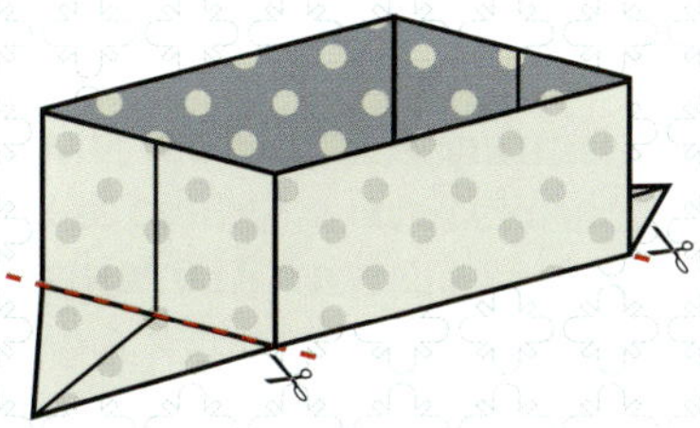

Bild 3

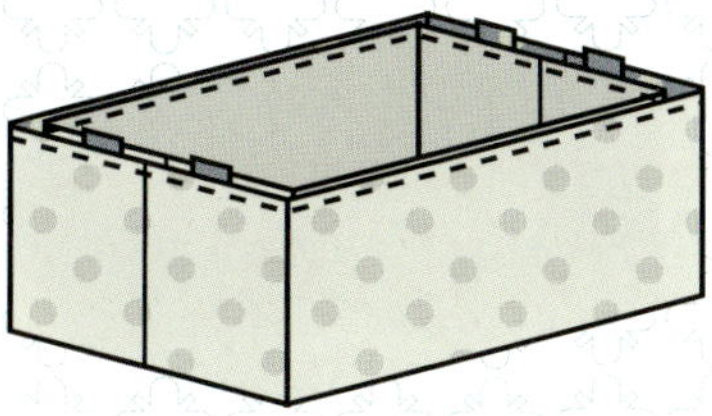

Bild 4

Bild 5

*...in den Körbchen haben wir ganz viele Spielsachen... Albrecht spielt am liebsten ganz alleine stundenlang mit seiner Eisenbahn – im Sommer fährt sie quer durch unseren Garten mitten durch die Beete mit den Lupinen. Für die Eisenbahn ist der Garten wie ein riesiger Dschungel und wir stellen uns dann vor, dass wir die Passagiere sind und in der Wildnis spannende Abenteuer erleben. Ganz viele wunderbare Bücher haben wir auch in den Körben, eine Geschichte erzählt von uns Kindern – ich mag das so gern, wenn Johann sie mir vorliest!*

# Prinzessinnenbeutel

Fürs liebe Kind

**Grösse**
- 25 x 25 cm

**Material**
- 0,30 m Leinenstoff hellgrau 140 cm breit
- 0,30 m Baumwollstoff Streifen creme-rosa 110 cm breit
- 0,55 m Webband Puppenstube 16 mm breit
- 0,55 m Rüschenband Streifen 13 mm breit
- 1,40 m Satinband 10 mm breit

**Zuschnitt** (inkl. 1 cm Nahtzugabe)
- Baumwollstoff: 2 Stück 27 x 32 cm (Aussenteil)
- Leinenstoff: 2 Stück 27 x 32 cm (Futter)

Bild 1

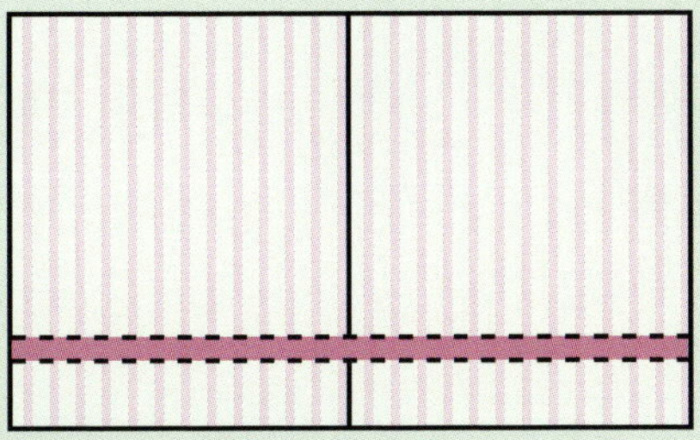
Bild 2

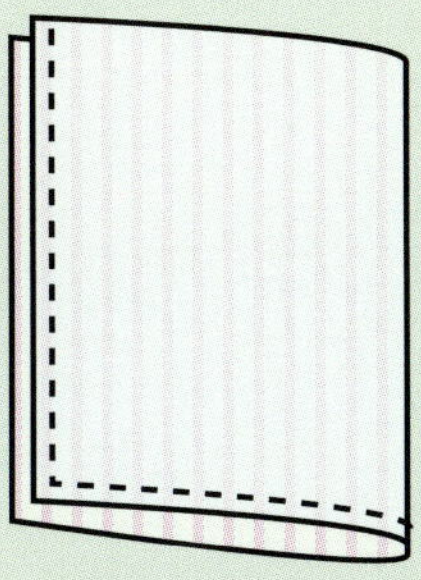
Bild 3

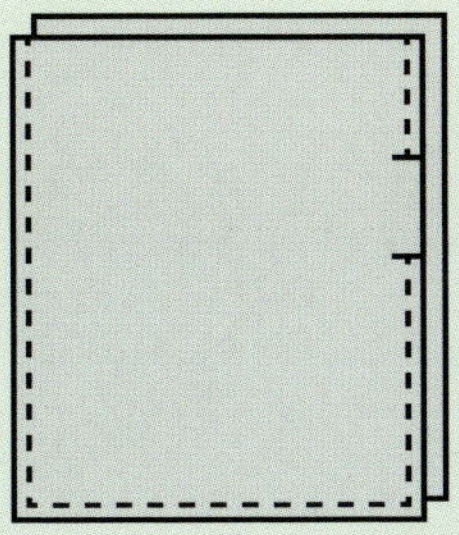
Bild 4

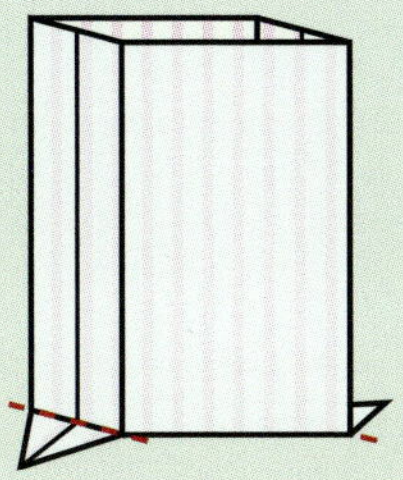
Bild 5

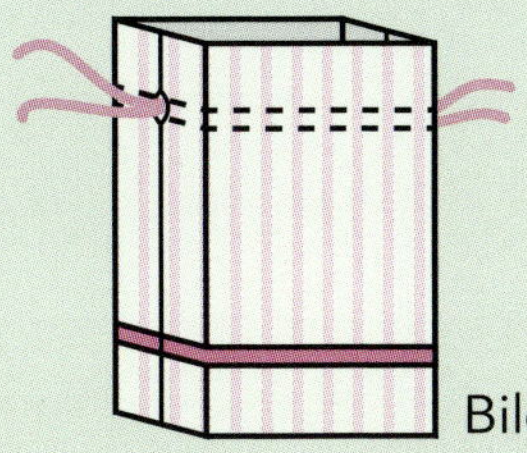
Bild 6

**Anleitung**
Legen Sie die Außenteil-Zuschnitte rechts auf rechts und nähen Sie diese an einer langen Seite zusammen (Bild 1).

Bügeln Sie die Naht auseinander und nähen Sie auf der rechten Seite das Webband mit dem Rüschenband 13 cm von der unteren Kante auf das Außenteil (Bild 2).

Falten Sie die Zuschnitte wieder aufeinander und schließen Sie die untere und die andere Seitennaht (Bild 3).

Nähen Sie auch die Futter-Zuschnitte zusammen, lassen Sie an der Seite eine Wendeöffnung frei (Bild 4).

Legen Sie die Seitennähte bündig auf die untere Naht und nähen Sie den Boden an beiden Seiten 10 cm breit ab. (Außenteil und Futter) (Bild 5)

Schneiden Sie die Nahtzugabe in den Ecken zurück.

Legen Sie nun das Futter und das Außenteil rechts auf rechts ineinander und nähen Sie die obere Kante zusammen.

Wenden Sie den Beutel und schließen Sie die Wendeöffnung.

Steppen Sie die obere Kante 5 cm breit und von dieser Naht nochmal 1,5 cm breit ab (Bild 6).

Trennen Sie die Seitennähte zwischen den zuvor gesteppten Nähten etwas auf.

Fädeln Sie das halbierte Satinband durch den Tunnel. Beginnen und enden Sie mit dem einen Band an der linken und mit dem anderen Band an der rechten Seite. Verknoten Sie die Enden.

*Psssst! Das darfst Du echt niemandem verraten: Das ist mein Prinzessinnenbeutel, da kommen meine aller aller wertvollsten Schätze und die größten Geheimnisse hinein...*

JOHANN
7. 9. 2003

# Ein ganzer Wagen voller Geschenke

## Stickbild Geschenkewagen

### Grösse
- Grösse 36 x 36 cm
- Stickereigrösse 19 x 17,5 cm
- Stickmuster Seite 92

### Material
- 0,45 m Zählleinen weiss 12-fädig 140 cm breit
- Rahmen weiss 36 x 36 cm

### Zuschnitt
- Zählleinen: 45 x 45 cm

### Anleitung
Sticken Sie das Stickmuster mittig im Kreuzstich auf das Leinen und bügeln Sie es anschließend gut.

Rahmen Sie das Bild möglichst fadengerade in einen Bilderrahmen oder lassen Sie es professionell rahmen.

*Ob ihr es nun glaubt oder nicht: Mein großer Bruder Johann ist ein echter Glückspilz! Er hat einmal zu seinem Geburtstag einen ganzen Wagen voller Geschenke bekommen! Das war ein Anblick! Ich habe gedacht, das ist ein Traum... Meine Mama hat auch gestaunt, was die Geburtstagsfeen da alles herbeigezaubert haben – deshalb hat sie den ganzen Geschenkewagen zusammen mit Johann auf eine Postkarte gemalt... und kann man dieses Wunderwerk sogar selber sticken!*

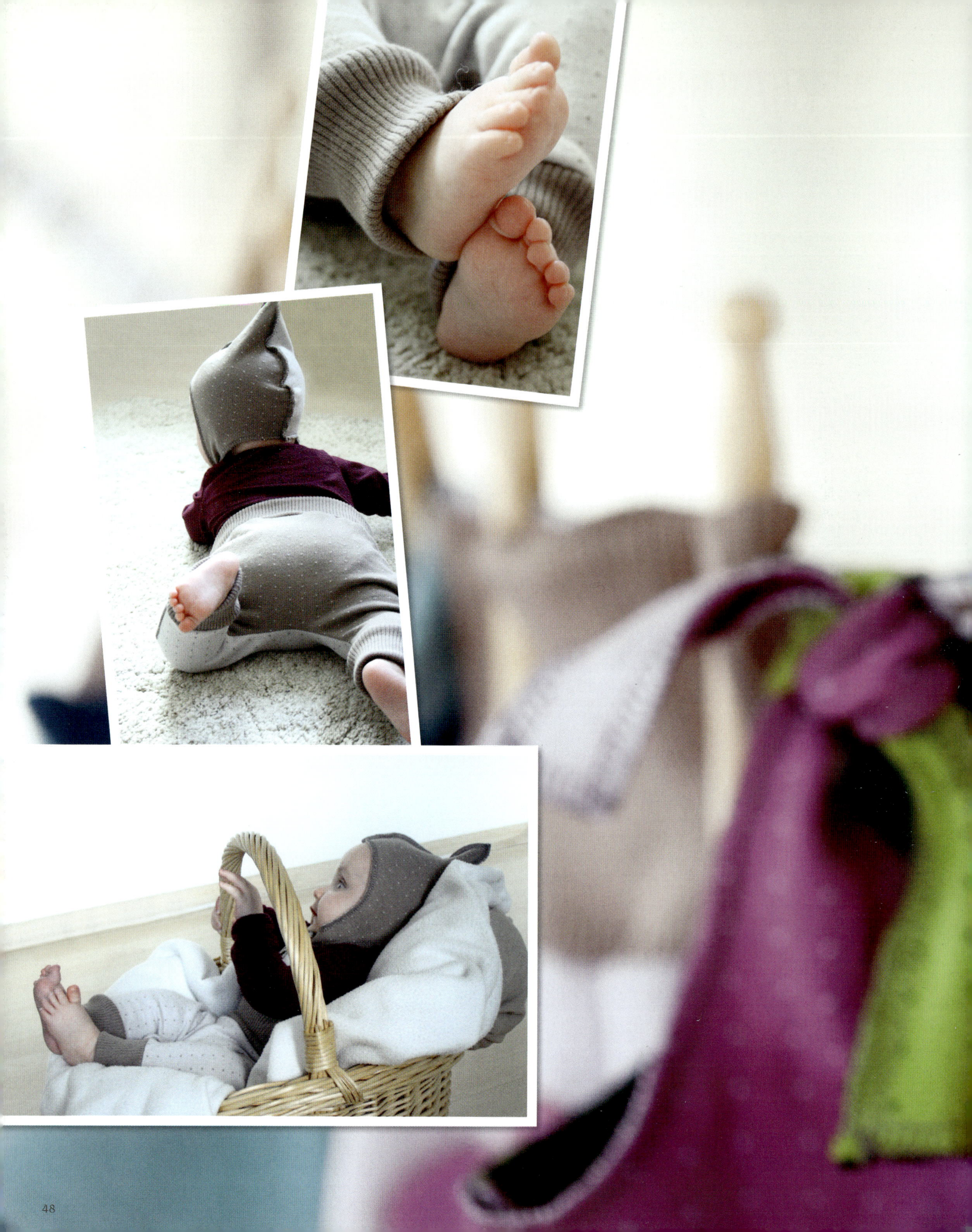

# Allerliebste Neuankömmlinge...

Unsere Strickstoffe sind aus fair gehandelten Rohstoffen, frei von Giftstoffen und werden in Deutschland produziert.

# Mützchen, Hose und Zwergenstiefel

**Grösse**

- ca. 0 - 4 Monate
- Schablone 2 - 4 Seite 93

**Material**

- 0,25 m Baumwolljacquard Tupfen 135 cm breit
- 0,20 m Bündchenware 135 cm breit

**Zuschnitt** (inkl. 1 cm Nahtzugabe)

- Bündchenware: 30 x 20 cm (Bauchbund) und 2 Stück 13 x 12 cm (Saum)

**Anleitung**

Übertragen Sie die Schablonen auf den doppelt liegenden Baumwolljacquard und schneiden Sie die Teile anschließend aus. (Nahtzugabe ist in den Schablonen enthalten).

Versäubern Sie alle Zuschnitte mit einem Zickzackstich oder mit einem Overlockstich.

Für die Mütze legen Sie die beiden Teile aufeinander und nähen die Stofflagen von der Vorderseite über die Mützenspitze bis zur Rückseite zusammen. Die Mütze kann von beiden Seiten getragen werden.

Für die Zwergenstiefel legen Sie je zwei Zuschnitte aufeinander. Nähen Sie die Stofflagen zusammen die obere Kante bleibt offen. Wenden Sie die Schühchen und krempeln Sie den Saum nach unten um.

Für die Hose legen Sie das Vorder-und Rückenteil aufeinander und nähen die Seiten zusammen. Nähen Sie die Bündchen jeweils zu einem Ring zusammen (an den kurzen Seiten). Legen Sie die Schnittkanten aufeinander so dass Sie einen doppelten Ring haben (eine Seite Bruchkante, andere Seite Schnittkante). Nähen Sie nun die Bündchen rechts auf rechts an die Bauch- und Beinkante der Hose. Krempeln Sie die Bündchen bei Bedarf einmal um.

*Hach. Ich hätte wirklich so so gerne ein kleines Geschwisterchen. Es ist doch gemein. Jeder meiner Brüder hat eine kleine Schwester, nur ich nicht. Lotta und Rudi sind natürlich auch sehr süß und man kann sie auch manchmal in den Puppenwagen stecken und spazieren fahren und sie mit einer Flasche füttern... aber... es sind eben doch keine richtigen Babys. Aber Mama bleibt dabei. Drei wilde Räuber im Haus plus Hundezwillinge – das reicht, sagt sie.*

# Liebste U-Heft Hüllen

**Grösse**
- 15,5 x 22 cm
- Stickereigrösse max. 9 x 4,5 cm
- Stickmuster Minimotive Seite 86, Stick-ABC Seite 90

**Material** pro Hülle
- 0,15 m Zählleinen weiss 12-fädig 140 cm breit
- 0,25 m Baumwollstoff 110 cm breit
- 0,65 m Webband 16 mm breit
- 0,15 m Vlieseline weiss 90 cm breit

**Hülle rot**
- Zählleinen, Baumwollstoff Drei Streifen rot-grau, Webband Geschenke, Vlieseline

**Hülle blau**
- Zählleinen, Baumwollstoff Drei Streifen blau-grau, Webband Hasen, Vlieseline

**Hülle braun**
- Zählleinen, Leinenstoff graubraun, Webband Auf Reisen, Vlieseline

**Zuschnitt** (inkl. 1 cm Nahtzugabe)
- Zählleinen: 61 x 10,5 cm (Aussenteil oben)
- Baumwollstoff: 61 x 16 cm (Aussenteil unten) und 30 x 24,5 cm (Innenteil)

**Anleitung**

Sticken Sie das Stickmuster und den Namen des Kindes mittig im Kreuzstich auf das Leinen, die fertige Stickerei sollte dabei nicht größer als 13 x 4,5 cm sein. Um die genaue Position der Stickerei zu ermitteln, falten Sie das Leinen auf die Hälfte und markieren sich die Mitte. Messen Sie von dieser Mitte 15,5 cm nach rechts ab und markieren diese Stelle ebenfalls. In diesem markierten Bereich müssen Sie die Stickerei platzieren. (Bild 1)

Bügeln Sie nach dem Sticken Vlieseline hinter das Leinen.

Nähen Sie die beiden Außenteile zusammen. (Bild 1)

Bügeln Sie die Nahtzugabe auseinander und nähen Sie das Webband von rechts auf die Naht. (Bild 1)

Säumen Sie die kurzen Seiten 1 cm breit. (Bild 1)

Falten Sie die beiden Seiten ca. 13 cm breit nach innen (rechts auf rechts). (Bild 2)

Legen Sie darauf das Innenteil (rechte Seite auf die beiden Einschläge) und nähen Sie die Stofflagen oben und unten zusammen. (Bild 2)

Schneiden Sie die Nahtzugabe in den Ecken knapp zurück, wenden Sie anschließend die Hülle und bügeln Sie sie gut.

Fertig ist eine tolle U-Heft Hülle für eine Freundin, Tochter oder einen selbst.

## Alles schön beschriftet...

Bild 1

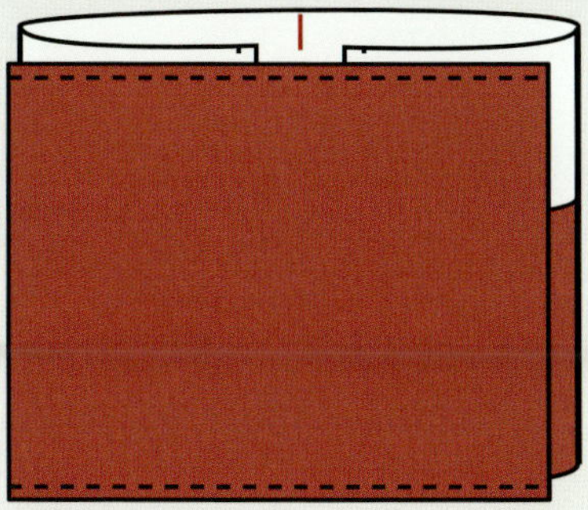

Bild 2

# Wir feiern heute Geburtstag –

# feierst Du mit?

*Heute hat Albrecht Geburtstag und das ganze Haus steht Kopf! Ich habe mit Mama den ganzen Tag gebacken gestern und dabei ganz schön viel genascht - das ist eigentlich immer das Beste beim Backen... Heute hat Johann mit mir Wimpelketten aus Papier gebastelt, die haben wir dann zusammen mit den bunten Lampions in den Apfelbaum gehängt – jetzt sieht alles wie verzaubert aus!*
*Die Sonne scheint, es ist ein richtig schöner Sommertag heute. Lotta und Rudi sind auch so aufgedreht und man muss dauernd aufpassen, dass sie nicht heimlich am Kuchen naschen oder die Wimpel vom Baum schnappen. Wahrscheinlich sind sie auch schon so gespannt darauf zu sehen, was in den vielen Paketen versteckt ist...*

# Geschenkebeutel

**Grösse**
- 15 x 20 x 8 cm (B x H x T)

**Grössenvariationen**
- 10 x 14 x 5 cm; 18 x 20 x 8 cm; 12 x 17 x 5 cm

**Material**
- Baumwollstoff
- Vlieseinlage
- Webband

**Zuschnitt** (inkl. 1 cm Nahtzugabe)
- Baumwollstoff: 48 x 35 cm
- Vlieseinlage: 48 x 29 cm
- Webband: 48 cm

**Anleitung**

Bügeln Sie die Vlieseinlage bündig an die untere Kante.

Säumen Sie die obere Kante 1 cm breit (einmal einschlagen). (Bild 1)

Nähen Sie das Webband 10 cm von der unteren Kante auf den Baumwollstoff. (Bild 1)

Falten Sie die kurzen Seiten rechts auf rechts und nähen Sie die Stofflagen zusammen. (Bild 2)

Schieben Sie die Naht in die Mitte, bügeln Sie die Nahtzugabe auseinander und nähen Sie anschließend die Stoffe unten zusammen. (Bild 3)

Bügeln Sie die Nahtzugabe auseinander und nähen Sie den Boden an beiden Seiten 8 cm breit ab. (Bild 4)

Wenden Sie den Beutel auf rechts, falten Sie ihn wie eine Papiertasche und bügeln Sie die Kanten gut. (Bild 5)

Geben Sie ihr Geschenk in den Beutel, falten Sie die obere Kante nach vorne und stecken Sie die Kante mit einer Wäscheklammer fest.

Unsere Lupinus Salon-Papier-Kollektion wird komplett in Deutschland gestaltet und produziert.

**Grössenvariationen**

Um Geschenkebeutel in anderen Größen zu nähen muss die Zuschnittgröße berechnet werden.

Der Beispielbeutel ist 15 x 20 x 8 cm (B x H x T) groß. Daraus ergibt sich folgender Zuschnitt 48 x 35 cm.

48 cm= 15 + 15 + 8 + 8 + 2 (B + B + T + T + Nahtzugabe)
35 cm= 20 + 8 + 6 + 1 (H + T + Saum + Nahtzugabe)

Bei dem Vlieseinlagezuschnitt wird in der Höhe die Saumzugabe weggelassen.

Bild 1

Bild 2

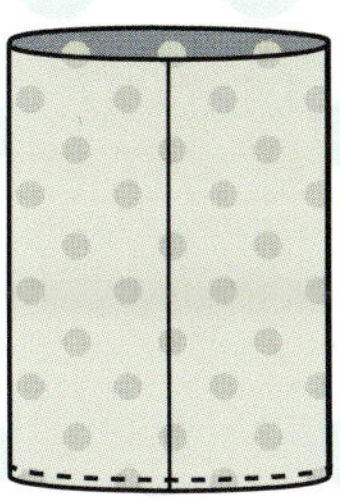

Bild 3

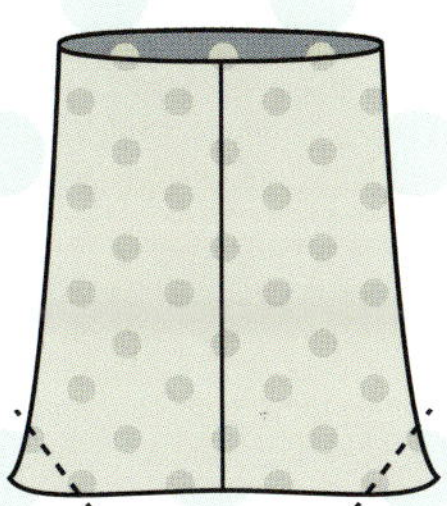

Bild 4

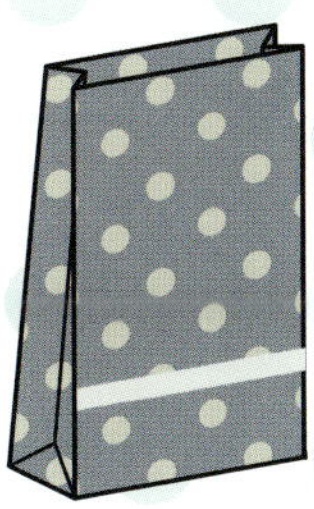

Bild 5

Lieblingsstück

# Bunte Wimpel überall

**TIPP!**
Aus unseren Geschenkpapieren lassen sich wunderbare Wimpelketten basteln – Dreiecke ausschneiden und an der schmalen Seite an eine Schnur kleben - so wie beim Tischläufer!

**Grösse**
- 30 x 130 cm
- Schablone Nr.5 und 6 Seite 94

**Material**
- 0,40 m Leinenstoff hellgrau 140 cm breit
- 0,15 m Baumwollstoff Blütenfeld pink-pink 110 cm breit
- 0,15 m Baumwollstoff Blütenfeld creme-pink 110 cm breit
- 0,15 m Baumwollstoff Drei Streifen blau-grau 110 cm breit
- 0,15 m Baumwollstoff Drei Streifen rot-grau 110 cm breit
- 0,15 m Baumwollstoff Punkte blau-grau 110 cm breit
- 0,15 m Baumwollstoff Punkte rot-creme 110 cm breit
- 0,15 m Baumwollstoff Beerenranke beige-rot 110 cm breit
- 0,30 m Vliesofix 90 cm breit
- 1,50 m Zackenlitze pink 14 mm breit
- 1 Webetikett Lieblingsstück 16 x 75 mm

**Zuschnitt** (inkl. Nahtzugabe)
- Leinenstoff 140 x 40 cm

**Anleitung**
Säumen Sie den Zuschnitt rundherum 2,5 cm breit (erst die langen Seiten, dann die kurzen Seiten säumen).

Übertragen Sie die Schablonen insg. neunmal auf das Vliesofix und schneiden Sie die Wimpel großzügig aus.

Bügeln Sie die Wimpel auf die passenden Stoffe und schneiden Sie die Wimpel anschließend aus.

Ziehen Sie das Trägerpapier ab und bügeln Sie die Wimpel in leichten Wellenlinien auf den Läufer.

Fixieren Sie die Kanten mit einem grauen Zickzackstich.

Nähen Sie die Zackenlitze auf die obere Kante der Wimpel, die Enden nach innen einschlagen.

# Ein Kuschelkissen für Paul –

**Grösse**
- 50 x 50 cm
- Schablonen Nr. 7 - 14 Seite 95

**Material**
- 0,55 m Leinenstoff natur 140 cm breit
- 0,55 m Leinenstoff beige 140 cm breit
- 0,20 m Leinenstoff blau 140 cm breit
- 0,15 m Baumwollstoff Punkte rot-creme 110 cm breit
- 0,40 m Baumwollstoff Blütenornament beige-rot 110 cm breit
- 0,35 m Baumwollstoff Drei Streifen blau-grau 110 cm breit
- 0,30 m Rüschenband Streifen creme-rot 13 mm breit
- 4,20 m Kordel
- 0,30 m Vliesofix 90 cm breit
- 2 Reissverschlüsse 40 cm lang
- 2 Kisseninletts 50 x 50 cm

**Zuschnitt Jungen Kissen**
(inkl. 1 cm Nahtzugabe)
- Leinenstoff: 52 x 52 cm (Vorderteil) und 2 Stück 52 x 27 cm (Rückenteile)
- Baumwollstoff Streifen: 2 Stück 105 x 4 cm (Paspel)

**Zuschnitt Mädchen Kissen**
(inkl. 1 cm Nahtzugabe)
- Leinenstoff: 52 x 52 cm (Vorderteil) und 2 Stück 52 x 27 cm (Rückenteile)
- Baumwollstoff Streifen: 2 Stück 105 x 4 cm (Paspel)

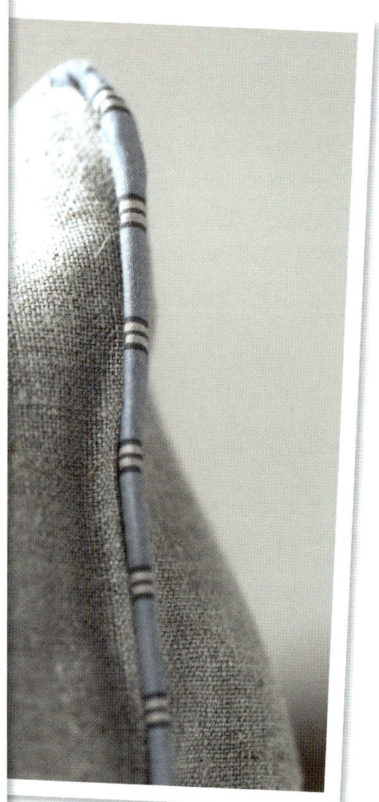

# und eins für mich!

**Anleitung**

Nähen Sie die zwei Paspel-Zuschnitte zu einem langen Band zusammen. Falten Sie die langen Seiten anschließend links auf links aufeinander, legen Sie die Kordel dazwischen, fixieren Sie diese und steppen Sie anschließend die Paspel ab.

Übertragen Sie die Schablonen auf das Vliesofix und schneiden Sie die Formen großzügig aus.

Bügeln Sie die Teile auf die entsprechenden Stoffe und schneiden Sie sie danach aus.

Entfernen Sie das Trägerpapier und bügeln Sie die Kleiderteile auf die Vorderteile-Zuschnitte. Achten Sie auf die richtige Lage der Teile.

Steppen Sie die Kanten / Konturen mit einem Zickzackstich ab.

Nähen Sie zwischen die Rückenteil-Zuschnitte den Reißverschluss.

Legen Sie Vorder- und Rückenteil rechts auf rechts und nähen Sie die Stofflagen mit der dazwischen liegenden Paspel zusammen.

Wenden Sie den Kissenbezug und ziehen Sie diesen über das Inlett.

# Ich schenke Dir mein Herz!

### Anleitung

Sticken Sie das Stickmuster mittig im Kreuzstich auf den Leinen-Zuschnitt und bügeln Sie anschließend die Vlieseline hinter die Stickerei.

Nähen Sie die Vorderteil-Zuschnitte aneinander, so dass die Stickerei genau an der Naht liegt. Schneiden Sie anschließend die Nahtzugabe des Leinens zurück und bügeln Sie die Nahtzugabe nach unten.

Übertragen Sie die Herz-Schablone mittig auf die linke Seite des Vorderteils.

Legen Sie Vorder- und Rückenteil rechts auf rechts und nähen Sie die Stofflagen auf der Umrisslinie zusammen, nähen Sie an einer Seite das Webetikett mit fest. Lassen Sie an der anderen Seite eine Wendeöffnung frei.

Schneiden Sie die Nahtzugabe zurück und in den Ecken und Rundungen ein.

Wenden Sie das Herz, bügeln Sie es, füllen es mit Füllwatte und schließen Sie die Wendeöffnung.

Für ein kleines Herz benötigen Sie 2 Stück 10 x 13 cm Baumwollstoff und 20 cm Webband. Nähen Sie zu Beginn das Webband auf gleicher Höhe auf die beiden Zuschnitte. Anschließend nähen Sie das Herz nach dem oben beschriebenen Prinzip fertig.

### Grösse
- 17 x 22 cm
- Stickereigrösse 7 x 7 cm
- Stickmuster Seite 88
- Schablonen Nr.15+16 Seite 94

### Material
- 0,20 m Zählleinen weiss 12-fädig 140 cm breit
- 0,15 m Baumwollstoff Punkte grau-blau 110 cm breit
- 0,20 m Vlieseline weiss 90 cm breit
- 1 Webetikett Meins 2 x 7 cm
- Füllwatte

### Zuschnitt
- Zählleinen: 20 x 20 cm (Vorderteil)
- Baumwollstoff: 20 x 15 cm (Vorderteil) und 20 x 25 cm (Rückenteil) 105 x 4 cm (Paspel)

*Also einmal hat Paul mich wirklich so richtig überrascht! Und ich liebe das – da kribbelt es ganz dolle im Bauch und überall und mir wird ganz heiß, wie im Sommer... Es war so: Ganz leise hat er sich angeschlichen als ich gerade mit Moni gespielt habe. Er ist ganz nah an mich rangerückt und hat mich geküsst, da bin ich ich ganz rot geworden... und dann hat er hinter seinem Rücken ein großes Paket hervor geholt mit einer ganz wunderschönen gepunkteten Schleife dran. Das war so spannend! Aber was drin war, verrate ich Euch jetzt nicht – vielleicht ein anderes mal...*

# Wäschesack „Auf Geht´s“

**Grösse**
- 35 x 50 cm
- Stickereigrösse 11 x 10 cm
- Stickmuster Seite 85

**Material**
- 0,20 m Zählleinen weiss 12-fädig 140 cm breit
- 0,40 m Leinenstoff natur 140 cm breit
- 1,00 m Webband Auf Reisen 16 mm breit
- 0,15 m Baumwollstoff Punkte gross blau-beige 110 cm breit
- 0,30 m Vlieseline weiss 90 cm breit
- 1,50 m Leinen-Dekoband

**Zuschnitt** (inkl. 1 cm Nahtzugabe)
- Zählleinen: 37 x 15 cm
- Leinenstoff: 37 x 32 cm (Vorderteil) und 37 x 45 cm (Rückenteil)
- Baumwollstoff: 2 Stück 37 x 12 cm

### Anleitung

Sticken Sie das Stickmuster mittig im Kreuzstich auf das Zählleinen.

Bügeln Sie die Vlieseline hinter die Stickerei und auf die Baumwollstoff-Zuschnitte.

Nähen Sie einen Baumwoll-Zuschnitt unten an die Stickerei und bügeln Sie anschließend die Nahtzugabe auseinander.

Den Vorderteil-Zuschnitt nähen Sie oben an die Stickerei. Hier die Nahtzugabe nach oben bügeln.

Nähen Sie nun das Rücken- und Vorderteil an einer langen Seite zusammen, lassen Sie 2 cm vom Rand eine 1,5 cm breite Öffnung frei. (Öffnung für das Zugband). Bügeln Sie die Nahtzugabe auseinander.

Nähen Sie das Webband auf die untere Naht.

Legen Sie das Teil wieder aufeinander und nähen Sie die andere Seite und den Boden zusammen. Auch hier wieder 2 cm vom Rand eine kleine Öffnung lassen.

Säumen Sie die obere Kante 2 cm breit.

Wenden Sie den Beutel und bügeln Sie ihn gut.

Ziehen Sie das halbierte Leinen-Dekoband durch den Saum, beginnen und enden Sie jeweils an einer Seite.

Nähen Sie an den Enden etwas Webband aufeinander.

*Endlich Ferien! Wir fahren ans Meer und wisst ihr was? Paul darf mit! Heute haben wir zusammen alles eingepackt was wir unbedingt dabei haben wollen: Badeanzug, Wasserball, Moni und Lupinchen… Und Mama hat für jeden von uns so einen tollen Wäschesack genäht.*

Übrigens:
Alle unsere
Bänder werden in
Deutschland
entworfen und
produziert

# gehäkelte Hosenträger für meinen Freund Paul

› Länge 75 cm

**Material**
› 1 Knäuel Baumwollgarn Farbe blau
› 1 Knäuel Baumwollgarn Farbe natur
› 1 Knäuel Baumwollgarn Farbe creme
› 1,60 m Webband Ornamente
16 mm breit
› 1 Webetikett Meins 20 x 70 mm
› 4 Combi-Clips 30 mm breit
› 1 Wäscheknopf ca. 25 mm breit
› Häkelnadel Stärke 2,5

**Maschenprobe**
10 fM= 3 cm
16 Reihen= 5 cm

**Anleitung**
Häkeln Sie ein Band aus 10 fM (erste fM= 1 Lm). Für den ersten Träger häkeln Sie 14 cm blau, 3 Reihen natur, 14 Reihen creme, 3 Reihen natur, den Rest in blau auf eine Gesamtlänge von 75 cm.

Den zweiten Träger häkeln Sie über 75 cm komplett in blau.

Vernähen Sie die Fadenenden.

Nähen Sie das Ornamentband mittig auf beide Träger.

Nähen Sie mittig auf der mehrfarbigen Stelle des ersten Trägers das Webetikett von Hand auf.

Legen Sie die Träger 20 cm vor dem Ende leicht über Kreuz und fixieren Sie die Träger mit einem Knopf. Bringen Sie an allen vier Enden die Combi-Clips an.

### Grösse

- 20 x 22 cm

### Material

- 0,30 m Leinenstoff graubraun 140 cm breit
- 1,10 m Webband Ornament 16 mm breit
- 1 Webetikett Meins 20 x 70 mm
- 1 Knäuel Baumwollgarn blau
- 1 Knäuel Baumwollgarn antur
- 1 Knäuel Baumwollgarn creme
- 1 Druckknopf
- Häkelnadel Stärke 4

### Zuschnitt

- Leinenstoff: 52 x 22 cm (Rucksack) und 2 Stück 55 x 8 cm (Träger)

Bild 1

Bild 2

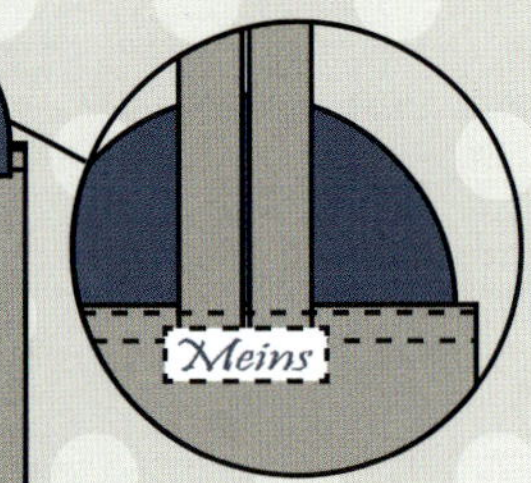


Bild 3

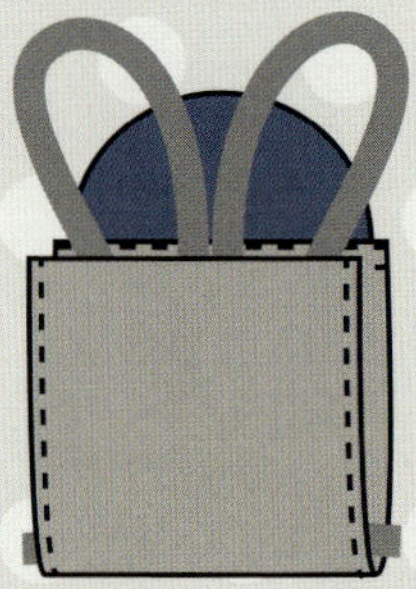

Bild 4

Bild 5

*Und Paul hat so einen schönen Rucksack. Der gehört ganz alleine nur ihm und er packt ihn auch selber ein, wenn er verreist. Manchmal gebe ich ihm ein paar Schätze mit auf seine Reisen, damit er mich nicht vergisst. Eine Murmel oder einen besonderen Stein... einmal hatte ich einen ganz schönen Stein! Der hat in der Sonne ganz arg geglitzert, das war mein Lieblingsstein! Aber weil ich Paul auch so lieb habe, habe ich ihm den Stein ausgeliehen. Er musste mir fest versprechen, dass er sehr, sehr drauf aufpasst und ihn ja nicht verliert.*

# Pauls Reiserucksack

**Anleitung**

Säumen Sie die kurzen Seiten des Rucksack-Zuschnittes 2 cm breit. (Bild 1)

Falten Sie die langen Seiten der Träger-Zuschnitte rechts auf rechts und nähen Sie die Stofflagen zusammen.

Wenden Sie die Bänder bügeln Sie die Naht in die Mitte und nähen Sie anschließend das Webband mittig fest.

Häkeln Sie nach folgender Anleitung die Klappe für den Rucksack: Die Wolle wird mit doppeltem Faden verwendet!!!

1. Reihe= In eine Fadenschlinge 8 Stb häkeln (1.Stb= 3 Lm) (Farbe blau), wenden
2. Reihe= Stb häkeln, jedes 2. Stb verdoppeln (=12 Stb) (Farbe blau)
3. Reihe= Stb häkeln, jedes 2. Stb verdoppeln (= 18 Stb) (Farbe blau)
4. Reihe= Stb häkeln, jedes 2. Stb verdoppeln (= 27 Stb) (Farbe blau)
5. Reihe= Stb häkeln, jedes 3. Stb verdoppeln (= 36 Stb) (Farbe blau)
6. Reihe= Stb häkeln (=36 Stb) (Farbe natur)
7. Reihe= Stb häkeln, jedes 4. Stb verdoppeln (= 45 Stb) (Farbe blau)
8. Reihe= Stb häkeln, jedes 5. Stb verdoppeln (= 54 Stb) (Farbe blau)
9. Reihe= fM auf die Vorreihe häkeln. Rückreihe, da neue Farbe!

Für den Steg zum Annähen des Halbkreises, an die gerade Seite 2 Reihen Stb häkeln.

Vernähen Sie die Fadenenden.

Nähen Sie die Klappe an einer kurzen Seite des Rucksackes fest (links und rechts muss 1 cm für die Naht frei bleiben). (Bild 2)

Die Träger nähen Sie ebenfalls an dieser Seite von außen fest. Über dem Ende der Träger nähen Sie das Webetikett auf (zur oberen Kante 1 cm Abstand lassen). (Bild 3)

Falten Sie den Rucksack-Zuschnitt rechts auf rechts, so dass die gesäumten Kanten übereinanderliegen und steppen Sie die Seiten mit den dazwischen liegenden Trägerenden zusammen. (Bild 4)

Wenden Sie den Rucksack. (Bild 5)

Befestigen Sie den Druckknopf laut Packungsanleitung an den gesäumten Kanten. Tipp: Sie können auch einen kleinen Druckknopf von Hand annähen.

# Platz für jede Menge Kleinigkeiten

## Grösse

- 13,5 cm Durchmesser (S)
- 20,5 cm Durchmesser (M)
- 22,5 cm Durchmesser (L)
- 32 cm Durchmesser (XL)

- Stickereigrösse 6 x 14,5 cm
- Stickmuster Seite 85
- Schablone Nr. 18-21 Seite 94

## Material

- 0,25 m Zählleinen weiss 12-fädig 140 cm breit
- 0,30 m Baumwollstoff Blütenfeld creme-blau 110 cm breit
- 0,20 m Baumwollstoff Punkte gross blau-beige 110 cm breit
- 0,40 m Baumwollstoff Punkte blau-grau 110 cm breit
- 0,15 m Leinenstoff natur 140 cm breit
- 0,70 m Webband Ahoi 16 mm breit
- 0,70 m Zackenlitze hellblau
- 0,80 m Vlieseline weiss 90 cm breit
- 1 Stickring Durchmesser 13,5 cm
- 1 Stickring Durchmesser 20,5 cm
- 1 Stickring Durchmesser 22,5 cm
- 1 Stickring Durchmesser 32 cm

## Zuschnitt

- Zählleinen: 25 x 45 cm (XL)
- Baumwollstoff Blütenfeld: 22 x 45 cm (XL), Kreis Durchmesser 30 cm (M)
- Baumwollstoff Punkte gross: Kreis Durchmesser 20 cm (S)
- Baumwollstoff Punkte: Kreis Durchmesser 40 cm (L)
- Leinenstoff: 70 x 15 cm

# Ring-Utensilos

**Anleitung**

Sticken Sie das Stickmuster mittig im Kreuzstich auf das Zählleinen und bügeln Sie die Stickerei.

Die Vlieseline bügeln Sie hinter alle Zuschnitte.

Die Schablonen übertragen Sie auf den Leinenstoff und schneiden die Formen danach aus.

Nähen Sie die Zackenlitze und das Webband an die oberen Kanten.

Für den Stickring mit Stickerei nähen Sie die beiden XL-Zuschnitte aneinander. Die Stickerei ist dabei ca. 2,5 cm von der Naht entfernt.

Bügeln Sie die Naht hinter den Baumwollstoff.

Legen Sie alle Zuschnitte vor sich auf den Tisch und übertragen Sie die Stickringgröße mittig auf den Stoff.

Nähen Sie die Halbkreise der Größe entsprechend mittig auf die Stoffe.

Den Viertelkreis nähen Sie auf die Baumwollseite des XL-Ringes. Anschließend schneiden Sie den Stoff zu einem Kreis (Durchmesser 45 cm).

Nähen Sie nun von Hand mit doppeltem Faden an der Kante des Kreises entlang, den Anfang verknoten.

Legen Sie den Stoff mittig um den inneren Stickring und raffen Sie den Faden straff zusammen, so dass sich die Kante kräuselt.

Vernähen Sie den Faden, so dass er sich nicht lösen kann.

Abschließend stecken Sie die beiden Stickringe zusammen und drehen sie fest.

## Grösse

- 60 x 40 cm
- Schablone Nr. 22 Seite 93

## Material

- 0,45 m Leinenstoff beige 140 cm breit
- 0,10 m Leinenstoff pink 140 cm breit
- 0,15 m Baumwollstoff Blütenornament beige-rot 110 cm breit
- 0,15 m Baumwollstoff Blütenfeld creme-pink 110 cm breit
- 0,15 m Baumwollstoff Blütenfeld creme-blau 110 cm breit
- 0,15 m Baumwollstoff Drei Streifen blau-grau 110 cm breit
- 0,15 m Baumwollstoff Punkte blau-grau 110 cm breit
- 0,15 m Baumwollstoff Punkte rot-creme 110 cm breit
- 0,20 m Vliesofix 90 cm breit
- 2,30 m Kordel
- Reissverschluss 50 cm lang
- Kisseninlett 60 x 40 cm

## Zuschnitt

- Leinenstoff beige: 62 x 42 cm (Vorderteil) und 2 Stück 62 x 22 cm (Rückenteile)
- Leinenstoff pink: 2 Stück 115 x 4 cm (Paspel)

## Anleitung

Übertragen Sie die Apfel-Schablone sechsmal mit etwas Abstand zueinander auf das Vliesofix.

Schneiden Sie die Form großzügig aus und bügeln Sie sie anschließend auf den jeweiligen Baumwollstoff.

Schneiden Sie nun den Apfel auf der Kontur aus.

Bügeln Sie die Äpfel in regelmäßigen Abständen zueinander auf den Vorderteil-Zuschnitt.

Fixieren Sie die Kanten mit einem dichten Zickzackstich und nähen Sie die Apfelstiele ebenfalls mit einem Zickzackstich.

Nähen Sie den Reißverschluss in die Rückenteil-Zuschnitte.

Nähen Sie die Paspel-Zuschnitte zu einem langen Band zusammen.

Falten Sie die langen Seiten anschließend aufeinander, legen Sie die Kordel in die Bruchkante und steppen Sie neben der Kordel die Stoffe aufeinander.

Nähen Sie nun Vorder- und Rückenteil mit der Paspel dazwischen zusammen.

Wenden Sie das Kissen.

# Äpfel ernten - Äpfel genießen

*Nach der Apfelernte hatten wir alle ganz rote Backen, uns war richtig heiß, wir waren hungrig und ganz schön müde. Wir haben vier große Körbe randvoll mit herrlich köstlichen Äpfeln gefüllt, die nun aufgereiht vor der Tür stehen. Als wir ins duftende Haus kamen, war Mama schon sehr beschäftigt mit den weltbesten Bratäpfeln, die ich so liebe. Die machen wir immer direkt in einem Fach im Kamin über dem Feuer! Und überhaupt kann unsere Mama so tolle Sachen aus den Äpfeln machen, aber das erzähle ich Euch ein anderes mal...*

# Äpfel, Äpfel, Äpfel...

**Grösse**

- 25 x 23 cm
- Schablone Nr. 23 Seite 95 - Bitte auf 200 % im Copyshop vergrössern!

**Material**

- 0,25 m Baumwollstoff Punkte blau-grau 110 cm breit
- 0,10 m Leinenstoff beige 140 cm breit
- 0,25 m Volumenvlies 90 cm breit
- 1,20 m Schrägband weiss-natur kariert

**Zuschnitt**

- Baumwollstoff: 2 Stück 30 x 25 cm (Vorderteil und Rückenteil)

**Anleitung für Apfel-Lätzchen**

Bügeln Sie das Volumenvlies hinter das Vorderteil und übertragen Sie die Schablone mittig.

Legen Sie das Vorder- und Rückenteil rechts auf rechts aufeinander und nähen Sie die Teile auf der Umrisslinie zusammen, lassen Sie die obere Kante als Wendeöffnung frei.

Schneiden Sie die Nahtzugabe auf 5 mm zurück und schneiden Sie die Nahtzugabe an den Rundungen bis kurz vor die Naht ein.

Wenden Sie den Apfel und bügeln Sie ihn gut.

Steppen Sie die Kontur des Apfels 7,5 mm breit ab (obere Kante frei lassen).

Schneiden Sie aus dem Leinenstoff das Kerngehäuse aus (Schablonenmitte) und nähen Sie es mittig auf dem Apfel fest.

Die Kerne werden mit einem Zickzackstich genäht.

Fassen Sie die obere Kante nun mit dem Schrägband ein, das links und rechts überstehende Schrägband nähen Sie aufeinander (Schnittkanten dabei nach innen schlagen).

Häkeln Sie zwei unterschiedlich lange Blätter laut Anleitung Häkelblatt von Seite 7 und nähen Sie diese anschließend an den Enden des Schrägbandes fest.

# ...überall Äpfel.

**Zuschnitt**

› Schablone Nr. 22 Seite 93

**Anleitung für Apfel-T-Shirts**

Für diese tollen T-Shirts brauchen Sie ein Stück Baumwollstoff und Vliesofix.

Die Apfel-Schablone von Seite 22 auf das Vliesofix übertragen und anschließend großzügig ausschneiden.

Danach auf den Baumwollstoff bügeln und genau ausschneiden.

Trägerpapier entfernen und mittig auf das T-Shirt bügeln.

Die Kontur mit einem Zickzackstich absteppen.

*Nachdem wir Unmengen von unseren leckeren Bratäpfeln verdrückt haben, ist es nun Zeit ins Bett zu hüpfen und Mamas Abendgeschichten zu lauschen. Johann darf noch ein bischen lesen, er ist ja schon groß. Nach dem Gute-Nacht-Kuss liege ich immer noch eine Weile so da und lausche und überlege, was ich am nächsten Tag wohl alles erleben und anstellen werde...*

4010 | 3152 | 1007 | 4029 | 3978

Kreuzstich

Halber Kreuzstich

Knötchenstich

Steppstich

Gestickt wird 1-fädig im Kreuzstich mit deutschem Baumwollgarn der Firma Vaupel & Heilenbeck.

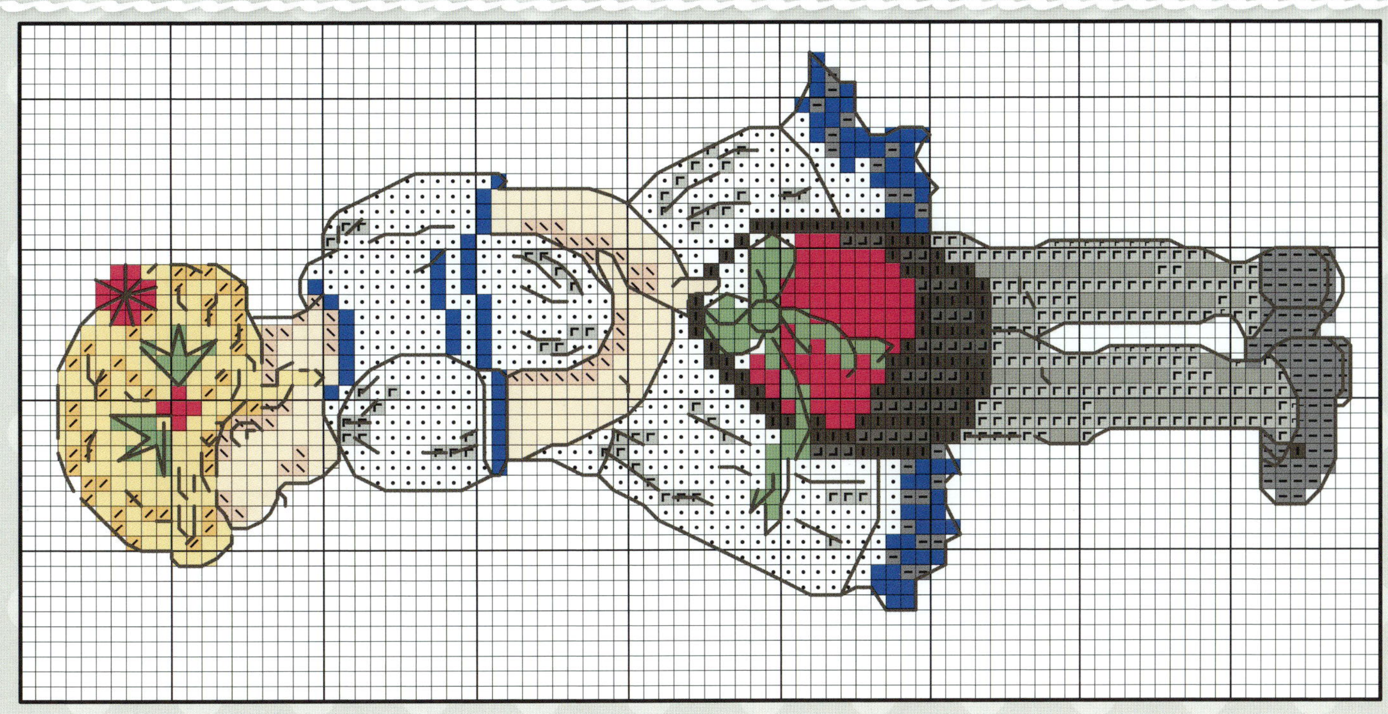

4002
3006
2002
1485
4009
4006
2051
3993
4010
4056
4028
1007

| | | | | | | |
|---|---|---|---|---|---|---|
| 4006 | 4056 | 3006 | 1007 | 4075 | 3978 | 4010 |
| 4009 | 4038 | 3993 | 4029 | 4028 | 3967 | |

| | | | | | | | | | |
|---|---|---|---|---|---|---|---|---|---|
| 3006 | 2051 | 1003 | 4006 | 4009 | 4075 | 4002 | 3512 | 1485 | 4010 |
| 3993 | 4038 | 1002 | 4056 | 4030 | 4028 | 2002 | 1007 | 3967 | |

A B C D E F G
H I J K L M N
O P Q R S T U
V W X Y Z
a b c d e f g h i j
k l m n o p q r s t
u v w x y z

| | | | | | | |
|---|---|---|---|---|---|---|
| 2051 | 4009 | 4056 | 3967 | 3152 | 4002 | 4010 |
| 3993 | 4006 | 1003 | 3978 | 4028 | 2002 | 3006 |

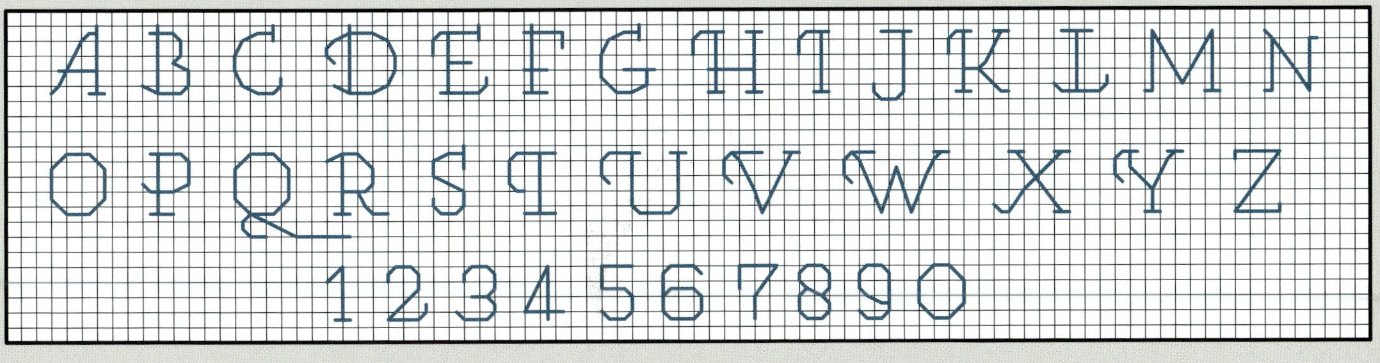

| | |
|---|---|
| 3993 | |
| 1007 | |
| 3512 | |
| 3987 | |
| 4030 | |
| 3967 | |
| 3978 | |
| 4065 | |
| 4006 | |
| 3006 | |
| 4010 | |

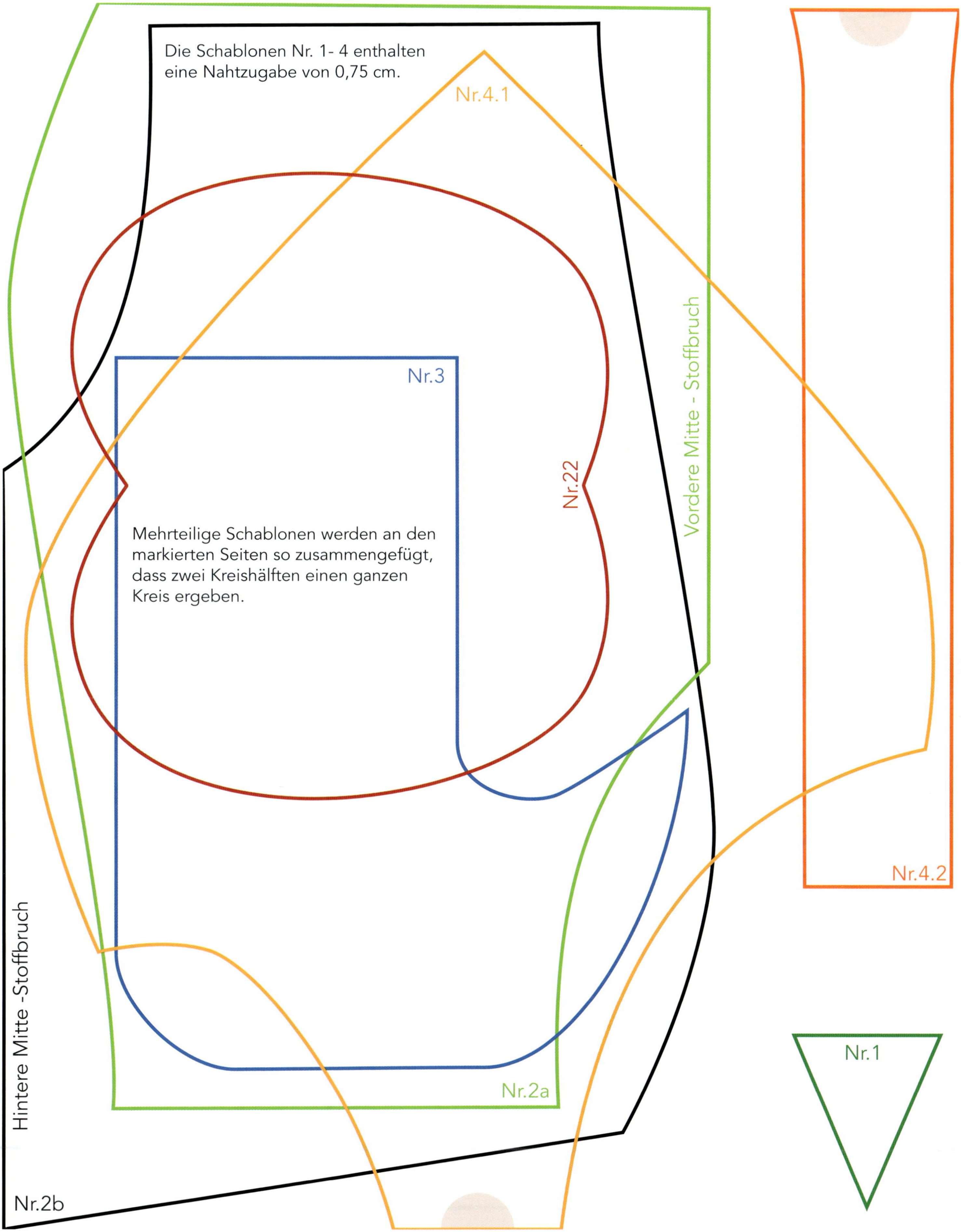
Die Schablonen Nr. 1- 4 enthalten
eine Nahtzugabe von 0,75 cm.
Nr.4.1
Nr.22
Nr.3
Vordere Mitte - Stoffbruch
Mehrteilige Schablonen werden an den
markierten Seiten so zusammengefügt,
dass zwei Kreishälften einen ganzen
Kreis ergeben.
Nr.4.2
Hintere Mitte -Stoffbruch
Nr.2a
Nr.1
Nr.2b

STICKPACKUNGEN

WEBBÄNDER

ETIKETTEN

PORZELLAN